D1727415

LA
PIEZA
PERDIDA

La pieza perdida

© 2018 Lidia Herbada

© de esta edición: Libros de Seda, S.L.
Estación de Chamartín s/n, 1ª planta
28036 Madrid
www.sedaeditorial.com
www.facebook.com/sedaeditorial
@sedaeditorial
info@librosdeseda.com

Diseño de cubierta: Enric Rújula
Ilustración de cubierta: Enric Rújula (pieza de puzle)
Maquetación: Nèlia Creixell

Primera edición: noviembre de 2018

Depósito legal: M-33048-2018
ISBN: 978-84-945988-7-6

Impreso en España – *Printed in Spain*

Lidia Herbada

LA
PIEZA
PERDIDA

El puzle imperfecto
del mundo laboral

SEDA
EDITORIAL

Índice

9   Prólogo

13   ¡Me falta una pieza!

15   1. ¿Pero no os dais cuenta de que yo soy la pieza perdida?

29   2. Revuelve las fichas por la mesa

39   3. El puzle defectuoso

51   4. La pieza suelta

57   5. ¿Pieza líder o pieza seguidora?

77   6. La pieza polizón

87   7. El puzle de las ocho piezas

95   8. La pieza sobre la que sentarte

105   9. Cuando las piezas no encajan

117   10. Las piezas del tetris que encajan desaparecen, pero no se olvidan

131   11. La pieza emprendedora

147   12. Las piezas extras

163   13. Solo una pieza más

177   14. Las piezas de puzle tóxicas

181   15. La pieza maestra

189   16. A la caza de las piezas

199   17. ¡Eureka!, encontré la pieza perdida

Prólogo

El mundo laboral, ese lugar que ocupa al menos ocho horas de nuestro tiempo material y muchas más de pensamiento al día.

En mi caso vivo inmersa en este mundo por duplicado: por un lado, me dedico a ayudar a personas a encontrar trabajo, acompañarlas y formarlas para que tengan todas las herramientas y conocimientos para lograr sus objetivos profesionales y por el otro, como *freelance*, busco nuevos trabajos y clientes continuamente.

Invadida por el mercado laboral.

Pero no me importa; al contrario, me encanta.

Cuando Lidia me envió un correo electrónico ofreciéndome escribir el prólogo de su libro no me pude resistir; ya lo había leído hacía unos meses y relata algo muy necesario y de lo que no se habla lo suficiente: cómo nos sentimos cuando no estamos conectados con nuestro desarrollo profesional.

Hay muchísima información sobre cómo hacer un currículum, completar tu perfil en LinkedIn, cómo actuar en una entrevista y muy poco sobre cómo gestionar las emociones que invaden nuestro camino profesional.

Es necesario empaparnos de este tema. Es necesario no sentirse solo e incomprendido.

Cuando nos quedamos sin trabajo lo primero que hacemos es actualizar nuestro currículum, casi sin tiempo para respirar, como si no hubiera pasado nada, como si no tuviéramos derecho a sentirnos mal y al día siguiente tuviéramos que despertar con nuestra mejor sonrisa y ponernos manos a la obra. ¿Y el duelo?

¿Y qué ocurre cuando lo que sucede es que no encuentras tu lugar? ¿Qué ocurre cuando estás en un trabajo que no te hace feliz o incluso te genera ansiedad?

Parece que como tenemos trabajo no tenemos derecho a quejarnos, aunque estemos desolados.

Por eso me ha enamorado este libro, porque habla de lo que no se suele hablar. Y como yo también, en un momento de mi vida, no encontraba las piezas de mi puzle, me parece sincero y necesario que os cuente brevemente mi historia:

Tenía un puesto seguro en banca, un horario envidiable y buenas condiciones: mi seguro médico, plan de pensiones... Pero también un trabajo complicado, presión, objetivos a veces imposibles y decenas de situaciones que no lograba entender. Y lo que más daño me hacía: una desconexión total con mis valores y principales competencias. Me sentía a la vez segura y como una bomba a punto de explotar. Es raro, pero me sentía así, y a la vez. Tenía tanto miedo al cambio que no quería abrir los ojos de verdad.

Hasta que un día un conocido de la facultad me vio, pasados unos años, y me dijo: «¿Qué tal te va, Elena? Viendo cómo eras en la facultad, seguro que has triunfado».

¡Madre mía, cómo me revolucionó esta frase por dentro! Fueron como 10 000 puñales, me limité a sonreír y a decir que no me iba mal.

Pero creo que ese momento cambió mi vida, gracias a esa frase cordial que me revolvió entera.

Me puse las pilas, pero bien. Hice una inmersión en el mercado laboral y sus posibilidades, leí mil libros, blogs y tras unos meses de investigación completé la primera fase del camino: me había enamorado de los RR. HH. y del *coaching*.

Genial, ya tenía por dónde empezar. Comencé un máster en recursos humanos y dieciocho meses después, cuando lo finalicé, hice otro en *coaching*.

Este último me cambió la vida, me hizo dar el gran salto, me envalentonó, me convirtió en una Elena mejor.

Así que la decisión estaba tomada al 100 %: iba a dejar mi trabajo y dedicarme a mi actual profesión. Tenía la pasión y el arrojo. Faltaban la estrategia y la cabeza.

En mi banco las cosas no iban muy bien, nos estábamos fusionando con otra entidad, así que esperé pacientemente hasta el siguiente ERE para acogerme a la baja voluntaria y poder irme con indemnización y prestación por desempleo: cabeza.

Desde que comencé mi máster en RR. HH. hasta que abandoné el banco pasaron dos años. Así que ya os adelanto que encontrar la pieza perdida no suele ser algo rápido, requiere paciencia y perseverancia.

Y tampoco los inicios en mi proyecto fueron fáciles, pero sí apasionantes.

Ahora me encuentro, cinco años después, viviendo de lo que me gusta, ampliando día a día esa famosa zona de confort, conectada con mis puntos fuertes y sintiéndome más yo que nunca.

He encontrado mi pieza.

Y me siento muy feliz.

Elena Huerga

¡Me falta una pieza!

Adoro construir puzles. Se necesitan muchas dosis de paciencia para no dejar alguno sin terminar. Lo peor que le puede suceder a quien esmeradamente está colocando las piezas de un puzle que contiene mil es que de pronto le falte la punta de la torre Eiffel. Algo insignificante, minúsculo. Casi imperceptible. Pero para mí es muy importante. Y no solo porque el señor Eiffel construyera un coqueto apartamento en la cúspide ni porque desde allí se contemplen las mejores vistas de la ciudad y uno no pueda dejar su puzle sin eso. La razón es más poderosa, yo diría que vital. Sinceramente, quiero encontrar esa pieza del puzle por mi salud mental y para ahorrarme alguna sesión de psicólogo.

La ansiedad te sube hasta el pecho como una araña silenciosa en la noche. Sientes que te falta la respiración y te das cuenta de que hasta que no tengas la pieza estarás pegando tumbos en ese habitáculo secreto. No sabes si tendrás que deambular por el barrio latino de París para encontrarla o si estará debajo del aparador, más cerca de lo que creías.

Te pones a gatas a buscarla. Piensas que ha podido ser tu sobrino de cuatro años, al que por desgracia invitaste a casa la noche anterior, o qué sé yo, aquel vecino que pasó un momento para darte las llaves del automóvil, que se te habían caído por el ascensor. Quizá se le haya quedado pegada en un zapato. Mil y una elucubraciones para llegar al mismo bucle ruidoso: «¡Me falta una pieza!».

Para que te hagas a la idea, a lo largo del año se pierden más de doscientas mil piezas de puzles. He leído que cada mes se envían alrededor de mil quinientas a todos los rincones del mundo, desde Argentina a Estambul, pasando por Estados Unidos, Francia, Arabia Saudí o España.

Un sinfín de páginas web de grandes empresas ofrecen grandes soluciones. En una carta mandas la referencia del puzle y el número de pieza: B-25. Y a los pocos meses te llega a tu domicilio. A veces el troquel no coincide, pero otras aciertan y por fin puedes terminar el puzle y colgarlo en la pared como un trofeo deportivo.

Te sientas en el sillón orejero. Cierras y abres los ojos como cuando estás en el oftalmólogo graduándote la vista. La mirada se centra en el pequeño hueco de la pieza que falta. Ves rayas discontinuas. No distingues las rojas de las verdes. Entonces te das cuenta de que tienes dos caminos: esperar a que la pieza te encuentre o salir tú a por ella.

Así lo hice: escribí al servicio de piezas perdidas. Sin esa pieza no iba a terminar nunca el puzle, y tirar a la basura mi empeño y dedicación me parecía inconcebible. La referencia la encontré por detrás de la caja, con el número 8226418483, Torre Eiffel, París, de 54 × 40 centímetros.

Si sois aficionados a los puzles, sabréis de qué hablo. Y si los detestáis, seguro que alguna vez os habéis sentido como una pieza del puzle del mundo laboral: nadie te busca, y los dueños de los rompecabezas no te hacen caso ni tienen un sentimiento de pérdida.

¿Pero no os dais cuenta de que yo soy la pieza perdida?

«El trabajo es como un puzle: por mucho tiempo que nos lleve, hay que encontrar las piezas adecuadas».

Anónimo

Empezar este libro con una cita anónima dice bastante de cómo me he sentido en muchos momentos de mi vida. Podría haber elegido una frase de algún triunfador de *marketing* o de algún escritor con una trayectoria prolija que hubiera roto el mercado editorial, en el buen sentido. Pero no. He elegido una cita escondida entre páginas de Internet. Sin autor. Sin voz personal. Imperceptible, como aquella ficha que perdí.

El mundo está lleno de piezas, y a cada uno nos viene bien un marco diferente. No sirven los consejos, pero las experiencias vitales de los demás son de gran ayuda. Y puedes moldearlas a tu antojo, como la plastilina.

Es como el Enantyum y el ibuprofeno. Son primos hermanos que se enfrentan en el mismo cuadrilátero; a cada uno le viene bien que gane el suyo. Como ocurre con todos los medicamentos, consultamos al médico antes de tomarlos, pues no debemos recetarnos por nuestra cuenta. No pretendo ser tu médico, pero sí una ayuda para que encuentres la pieza clave de tu camino perdido.

Hoy por hoy, ya no me siento así. He sufrido durante el trayecto, pero ha valido la pena. No es necesario alcanzar el éxito padeciendo. Sin embargo, es importante no disponer de todas las piezas fácilmente. No seamos «la generación blandita», luchemos por lo que de verdad nos hace felices. Ya lo decía Kipling en una parte del poema *Si...*, que ha sido traducido a numerosos idiomas:

> Si puedes mantener la cabeza en su sitio cuando todos a
> tu alrededor
> la han perdido y te culpan a ti.
> si puedes seguir creyendo en ti mismo cuando todos dudan
> de ti,
> pero también aceptas que tengan dudas. Si puedes esperar
> y no cansarte de la espera;
> o si, siendo engañado, no respondes con engaños,
> o si, siendo odiado, no incurres en el odio.
> Y aun así no te las das de bueno ni de sabio. Si puedes soñar
> sin que los sueños te dominen;
> si puedes pensar y no hacer de tus pensamientos tu único
> objetivo;
> si puedes encontrarte con el triunfo y el fracaso,
> y tratar a esos dos impostores de la misma manera.
> Si puedes soportar oír la verdad que has dicho,
> tergiversada por villanos para engañar a los necios.
> O ver cómo se destruye todo aquello por lo que has dado la
> vida,
> y remangarte para reconstruirlo con herramientas desgastadas. Si puedes apilar todas tus ganancias
> y arriesgarlas a una sola jugada;
> y perder, y empezar de nuevo desde el principio

y nunca decir ni una palabra sobre tu pérdida.
Si puedes forzar tu corazón, y tus nervios y tendones,
a cumplir con tus objetivos mucho después de que estén
agotados,
y así resistir cuando ya no te queda nada
salvo la Voluntad, que les dice: «¡Resistid!»Si puedes hablar
a las masas y conservar tu virtud.
O caminar junto a reyes, sin menospreciar por ello a la gente común.
Si ni amigos ni enemigos pueden herirte.
Si todos pueden contar contigo, pero ninguno demasiado.
Si puedes llenar el implacable minuto
con sesenta segundos de implacable labor,
tuya es la Tierra y todo lo que hay en ella,
y —lo que es más—: ¡serás un Hombre, hijo mío!

En nuestro sillón orejero respiramos cada verso de Kipling sabiendo que las piezas no vendrán a nuestro encuentro. Abro la ventana y dejo que el aire me golpee en las mejillas. Respiro. Siento. Y levanto el vuelo. «Porque ahora sé que en cada precipicio hay unas alas esperándome».

¿A qué esperas, tú que me lees, para levantar el vuelo? No dejes que nadie te haga caer. Te lo digo yo, que estuve en muchos momentos en el suelo. Hasta que no te quites el miedo no saldrá la fortaleza que hay en ti.

Esta mañana me he despertado pletórica. No he dado un salto mortal, pero sí me he levantado mirando al sol de otra forma y pensando en lo orgullosa que me siento del camino que he andado. Busco la luz siempre; me anima y me recarga.

Eso y las cenas entre amigos. Hace tiempo cené con mi amigo Iñaki, que se dedica a dirigir eventos y centros culturales y sabe como pocos que la cultura nos hace libres. En los postres me miró fijamente y me dijo:

—Deberías escribir un libro de no ficción sobre el mundo laboral y contar tu experiencia. Creo que ayudarías a mucha gente que está siguiendo los mismos mecanismos de búsqueda.

Cuando estás buscando trabajo te sientes solo, trágicamente solo. Abandonado como un triste perro a su suerte. Nadie cree en ti y tú también empiezas a dejar de creer en ti mismo. Inconscientemente, te pierdes. La punta de la torre Eiffel no es importante. Hay mucho viento allí arriba y tú no quieres que te voltee nadie más.

Su consejo lo dejé ahí, olvidado, como la pieza del puzle a la que pegas patadas y dejas debajo del mueble.

Cuando te quedas en paro pasas por un proceso en el que sufres un vaivén de subidones y bajones. ¿Sabes de lo que estoy hablando? Un día eres el rey del mundo. Gritas en la colina: «¡Jerónimooooo!», y al otro te ocultas debajo de las mil piezas para que nadie te encuentre, porque si nadie te ve, tu estima será invulnerable. Construyes una pared de hormigón y es imposible atravesarla.

¿Cómo he retomado la idea de escribir mi experiencia? Pues, como siempre, por sugerencia de otra amiga entusiasta. Soy una mujer apasionada, pero a veces necesito que alguien inflame por mí la bomba de la ilusión.

Hace unos meses recibí un mensaje de wasap de mi amiga Cecilia pidiéndome consejos sobre la publicación de un libro. Estuvimos intercambiando detalles sobre la superación personal, las maneras de escribir, la boda de una amiga en común y mucha ilusión.

La ilusión se contagia. Aquel día me aferré con tanta fuerza a ella que no se ha ido. Y no quiero antibiótico: deseo estar enferma de ilusión siempre.

Cecilia no me mandó un ramito de violetas. Me envió un currículo. Trabajó conmigo durante algún tiempo como becaria y compartimos colchón de plumas en aquel trabajo: zona de confort, charlas entre amigas, algún que otro café fuera de allí y muchas fiestas disparatadas.

—¿Por qué no escribes algo que ayude a los demás?

—¿Tú crees que mi experiencia importa a alguien?

—Por supuesto. La gente quiere escuchar casos reales, no buscan ser CEO de grandes multinacionales. Buscan un trabajo digno que les permita ser felices, y si encima les gusta, premio.

Ella, una gallega afincada en Madrid que «ya no mide las distancias en tiempo, sino en kilómetros» me puso al día de su vida, y con su permiso lo cuento.

Desde muy pequeña descubrió su vocación: analizar la psique de los otros y ayudarles a cambiar de conducta. Cursó Psicología en la Universidad Complutense. En 2008, la psicóloga de vocación terminó siendo psicóloga de profesión. Se inició entonces un auténtico calvario, porque ninguna empresa la contrataba. Desesperada, comenzó a llenar su vida de experiencia profesional no remunerada. Una excelente idea, totalmente recomendable cuando finalizas tus estudios.

Dedicó un sinfín de horas a voluntariados en varias ONG con la intención de aprender de la experiencia de otros para ayudar a los demás. Trabajó cubriendo bajas en empresas privadas con la esperanza de incorporarse al equipo de manera estable. Y, por supuesto, sirvió más Big Mac de los que podrías comer en toda tu vida para subsistir. Sin alejarse en ningún momento de la psicología, su pasión. Intentó sacar horas, minutos y segundos a la semana para poder dedicarse a lo que más le llenaba: ayudar a los demás.

Sinceramente, podría hacerse una camiseta con la leyenda «Psicóloga remasterizada». Completó sus estudios con un posgrado en Educación Infantil. Tropezó, se levantó, volvió a tropezar y consiguió su sueño. Actualmente trabaja para los más pequeños de la casa en aulas de Educación Infantil desarrollando la teoría de las inteligencias múltiples, potenciando la creatividad, la inteligencia emocional y el autoconocimiento. Estimulando a los niños para que a medida que crezcan se conozcan mejor y desarrollen todo su potencial.

Vivió momentos críticos en los que pensó tirar la toalla. Se sentía vacía e inútil en esta sociedad en la que priman la inmediatez y el éxito fácil. Como una colilla que pisan a la salida de una estación de metro.

El fracaso nos aterra. Esta palabra contiene otras, intrínsecas: miedo a estancarte, a vulnerar tu autoestima. Miedo al miedo.

Lo primero que hay que hacer es reducir un grado esa válvula de miedo. Graduarlo.

¿Y cómo se hace eso?

Siebold, médico y botánico alemán, primer europeo que enseñó medicina occidental en Japón, lo explica muy bien. Nos habla de «reajustar nuestros motivadores emocionales». Lo que llamamos «fracaso» no es más que un reajuste en el camino. Todo lo que aprendió en trabajos ajenos a su carrera y con prácticas no remuneradas sirvió para llegar a ser la persona que en la actualidad es.

No veamos los no logros como un bache: son una apertura al mundo, al crecimiento personal. Sé que estas palabras ya empiezan a parecer cansinas. Tú quieres un trabajo y dedicarte a lo tuyo. Escucha: a «lo tuyo», como tú lo llamas, yo lo llamo VIVIR.

Cecilia, como muchos de nosotros, se cansó de enviar currículos, de esperar a que sonara el teléfono, de oír a los amigos alentándola con un «ya verás como todo llega» mientras los ojos se le salían de las órbitas y le entraban ganas de escupirles a la cara. Su vida ha cambiado considerablemente desde aquellos años de búsqueda incesante. Ahora tiene un blog llamado *Psiente*, una bitácora de pensamientos y consejos para hacer la vida más fácil a base de terapia curativa. «A veces no necesitamos terapia, sino tener la certeza de que alguien nos diga que lo estamos haciendo bien o que cambiando solo una pieza del puzle todo cobrará sentido. Otras veces necesitamos más».

No quiero que este libro se convierta en la línea de otros de tipo «conseguir el éxito», «eres un triunfador y lo sabes», «mil y una formas de ganar dinero». Este es diferente. Buscamos la salud mental. Cada uno tiene una escala de valores y unos sueños propios, por eso ajustaremos estas líneas a lo que cada uno busque.

Como Cecilia, hubo un sinfín de personas que comenzaron sus carreras profesionales o personales de forma ardua. Son ejemplos en los que la frustración, el miedo o los obstáculos nunca impidieron que estas personas siguieran caminando para encontrar su lugar. Leer otros casos ayuda. Pon especial atención a la primera historia, es una de mis favoritas.

Los orígenes humildes de **Indra Nooyi** no impidieron que cumpliera su sueño. Se trasladó de la India a Estados Unidos con lo puesto y decidida a cursar la licenciatura de Dirección de Empresas. Trabajó durante muchas noches como recepcionista en un hotel y así obtuvo dinero para comprarse su primer traje para ir a una entrevista de trabajo y pagar la matrícula de la universidad. Consiguió puestos de trabajo en Johnson & Johnson y Motorola tras su graduación. Durante más de cinco años dirigió estrategias corporativas internacionales en The Boston Consulting Group y otros cuatro años fue vicepresidenta de Asea Brown Boveri. Actualmente desempeña su cargo de CEO en PepsiCo.

Fred Astaire, en su primera prueba, salió al escenario y movió sus pies voladores al compás del claqué. Los jueces dijeron: «No sabe actuar. No sabe bailar. Un poco calvo. Puede bailar un poco».

Astaire se convirtió en uno de los bailarines más famosos de todos los tiempos y hoy en día lo recordamos por películas como *Sombrero de copa*.

No pongas tu valía en manos de otros. Hay manos muy sucias. Cree en ti y en los que de verdad te quieren. Escucha las críticas constructivas y refuérzate cada día.

Walt Disney forjó un imperio con constancia y empeño. Con apenas cuarenta dólares en el bolsillo viajó en tren hasta Los Ángeles, donde creó su primer estudio de animación en el garaje de su tío. ¡Cuánta creatividad encierran los garajes! Me viene a la cabeza también el señor Jobs.

La primera vez que mostró su dibujo de Mickey Mouse lo rechazaron en varios periódicos, pues imaginaban que un ratón asustaría a las mujeres. La fe en su proyecto y el tesón que demostró durante las quiebras de sus primeras empresas afianzaron al hombre que más influyó en la creación de la industria del entretenimiento mundial.

Envió sus películas a distintas distribuidoras hasta que Margaret Winkler se interesó por su trabajo y lo contrató para producir más películas de animación. En 1938 llegó *Blancanieves*, el primer largometraje animado en lengua inglesa y el primero en utilizar el tecnicolor. Fue la película con mayor éxito de taquilla de ese año, con unos ingresos de ocho millones de dólares el día del estreno.

En 1955 inauguró el emblemático parque Disneylandia, en Anaheim, California, al que seguiría Disneyworld, cerca de Orlando (EE. UU.) y después Disneyland París. Me encanta esta frase suya: «Quizá no lo notes cuando ocurra, pero una patada en los dientes puede ser lo mejor en el mundo para ti».

Anita Roddick, fundadora de The Body Shop, es una activista ecológica y firme defensora de los niños más desfavorecidos. Cuando abrió en Brighton en 1976 la primera tienda The Body Shop, una conocida empresa de productos de belleza, dos velatorios cercanos se opusieron al nombre. Otra persona hubiera sucumbido a las continuas disputas y hubiera cerrado. Sin embargo, decidió secarse el sudor, escribir a un periódico local y denunciar que era una mujer acosada. Su popularidad aumentó tanto que los productos se vendieron fácilmente. Logró convertir una pequeña tienda en un negocio rentable reconocido en todo el mundo. Lo vendió en 2006 a la firma L'Oréal por ciento noventa millones de dólares.

Mary Kay Ash es otra mujer que ha destacado por cuidar de la estética y la belleza de millones de mujeres con Mary Kay Cosmetics Inc. Después de veinticinco años vendiendo en Stanley Home Products, renunció en 1963, frustrada porque la empresa no consideraba sus promociones. Nadie la tenía en cuenta. Así que comenzó a escribir un libro para mujeres de negocios. Había escrito, sin darse cuenta, un plan de negocios para ella: Mary Kay Cosmetics había nacido. La empresa vendió dos mil quinientos millones de dólares en 2009.

A **Arianna Huffington** la rechazaron treinta y seis editores (mientras escribo esto, siento consuelo. A lo largo de los capítulos entenderás el motivo.) La verdad es que su caso es inspirador. Cuesta creer que uno de los nombres más importantes de las publicaciones *online* fuera alguna vez rechazada por tres decenas de editores. El *Huffington Post* no fue un gran éxito de inmediato; cuando lo lanzaron había muchas críticas negativas sobre su calidad y potencial.

A **Michael Jordan** lo conocemos todos por ganar varios campeonatos de baloncesto para los Chicago Bulls, pero antes lo echaron de su equipo por no tener talento y por medir 1 metro 80 centímetros. Comenzó a entrenar rigurosamente hasta llegar adonde hoy lo conocemos. Su vida la resume de esta manera:

> «He fallado más de nueve mil tiros en mi carrera».
> «He perdido casi trescientos partidos».
> «Veintiséis veces han confiado en mí para ganar el último tiro y lo he fallado».
> «He fracasado una y otra vez en mi vida y por eso tengo éxito».

Malala Yousafzai sobrevivió después de que los talibanes le dispararan en la cabeza. Su infracción fue escribir un blog sobre los derechos de educación de las niñas en el valle del Swat. Con solo quince años se ha convertido en una firme defensora de los derechos civiles en Pakistán, el derecho a la educación de los niños y sobre todo de las mujeres para que dejen de ser hostigadas por la radicalización política y religiosa de los talibanes. En 2014 recibió el premio Nobel de la Paz.

Miles de piezas perdidas que un día se encuentran y el rompecabezas vuelve a encajar.

Seguro que alguno habrá leído las biografías de Bill Gates o de Steve Jobs. Gracias a libros o películas reconocemos sus historias como excepcionales por la forma en que alcanzaron el éxito y se convirtieron en millonarios.

He buscado los casos de éxito centrándome en dos competencias: fortaleza mental y creatividad artística. ¿Solo podemos triunfar si poseemos vena artística?

En absoluto el triunfo es algo utópico que se esfume como los búhos cuando llega el día. No te deseo éxitos pasajeros, busco que encuentres la estabilidad emocional. Sería un fracaso que te subieras a la montaña rusa de las emociones en plena efervescencia y que una vez que parara te tiraras en el sofá, deprimido, sin querer pisar la calle. Sal de día y de noche, vive todas las estaciones a pleno rendimiento, incluso la primavera y el otoño, que suelen ser las estaciones más difíciles para acceder al cambio.

Las biografías mencionadas se caracterizan por unos momentos de fracaso en los que los protagonistas fortalecieron sus creencias ideológicas, empresariales, sociales o políticas y se animaron a continuar a pesar de la adversidad, como los gatos cuando caen del tejado: les sangran las heridas, pero se lamen y suben de nuevo.

Yo soy gata, y tú también lo serás.

> —¿Tú sabes cómo me siento? Como una gata en un tejado de cinc recalentada por el sol.
> —Pues salta del tejado, ¡salta! Los gatos saltan desde los tejados sin hacerse daño. ¡Anda, salta!
> *(La gata sobre el tejado de zinc)*

No tengas miedo a caerte. Otros se levantaron. ¿Por qué tú no?

Cecilia es gata. Arianna, Walt, Michael, Anita, Indra o Fred son gatos.

Yo era un gato despeluchado hasta que un día salté desde el tejado.

En el perfil personal de Cecilia aparece la siguiente frase: «Nadie es un caso perdido». Estoy segura de que es porque no me conoció hace unos años. Creía que era una gata abandonada y tenía mucho miedo.

En esa época descubrí que todos tenemos miedo a algo. En mi caso siempre he visto a la gente más fuerte que yo y he expresado mis debilidades, algo que muchas veces ha jugado en mi contra. Sin embargo, desnudarme ante el otro, mostrarme tal y como soy, ha hecho que esos miedos hayan desaparecido de escena. Ni rastro de ellos.

Mis miedos son variados. El más latente es a la pérdida, porque desde que nací he vivido marcada por ella. Mi padre murió cuando tenía dos años y medio y jamás supe qué voz tenía. Eso duele mucho. Recuerdo largas noches en vela imaginándome cómo podía ser. Por la voz se perciben muchas cosas e indudablemente se reconoce una personalidad. Quizá los reclutadores de Recursos Humanos deberían fijarse más en detalles que no se ven a primera vista. En la primera llamada telefónica aprecian tantas cosas... Delicadeza, saber estar. Muchas veces pasan detalles por alto. Los reclutadores deben ser pintores de sensaciones, pero a veces son robots que solo estudian datos.

La vida, hace poco, me devolvió algo perdido. Mientras revolvía cajones encontré una cinta de casete. La rebobiné con un boli Bic, como en los viejos tiempos. Mi padre y yo manteníamos una conversación en mi pequeña frutería:

—¿Qué tienes, cariño?

—Patatas.

—¿Y qué más?

—Fruta.

—¿Y qué más?

—Ya no «sabo» más.

En aquella corta conversación ya se percibían ademanes de estrés, tan pequeña. He vuelto a escuchar la cinta un millón de veces. La familia de mi padre me contó que era un excelente abogado, un ávido lector y un brillante escritor. Afortunadamente, guardo multitud de páginas que me han permitido conocerlo mejor. Con los años me he reconciliado con la amargura de que se hubiera marchado tan pronto. Él habría sido mi referencia laboral, estoy segura. Quizá no hubiera tenido estos miedos, aunque habría habido otros. No he podido elegir. Nadie elige. Siempre hay un «¿y si no hubiera pasado esto?».

Aquel día, con la cinta en la mano, encontré la pieza de mi puzle. A lo largo de los años he perdido a gente muy importante que ha conformado mi carácter, mi forma de ser, que me ha guiado en la vida. Los «guardianes de mi mundo», los llamo yo.

Sin duda, cuando careces de una pata tan importante como el trabajo hay dolor. No hay forma de evadirte. Los pensamientos no se pueden regenerar porque perecen en la monotonía de la carencia. La mente se bloquea y no existen otras ocupaciones racionales. El alma de niña sobrevive y no tienes capacidad para armar correctamente el puzle.

Mi padre amaba a Schopenhauer, como yo amo a Sándor Márai.

¡Qué ironía del destino! La cita que inicia el segundo capítulo es de quien termina este.

Revuelve las fichas por la mesa

«No hay ningún viento favorable para el que no sabe a qué puerto se dirige».

Schopenhauer

Cuando te despiden de un empleo en el que llevas muchos años la cabeza se mueve como una coctelera. Millones de ideas, frustraciones, sensaciones, golpean las paredes. Se reproducen como frases sueltas sesgadas y esparcidas sobre una mesa. La mesa es tu cerebro y las piezas van y vienen provocando dolor. Tu círculo cercano te alienta, pero no te dejas ayudar.

Los primeros días en el paro estás animada, con energía suficiente para ilusionarte pensando que encontrarás algo mejor. Sin embargo, a medida que el tiempo pasa, idealizas el trabajo perdido. Ensalzas hasta a tu exjefa, que un día te abrió el cajón de su mesa con un cigarrillo encendido mientras gritaba:

—No me vendas humo.

O bien me ofrecía una carta modelo y decía:

—Firma esto por si no sale la subvención. Es un papel sin importancia.

Era mi hoja de despido y me la vendía como un pasaje a Nueva York.

Cosas vividas verdaderamente surrealistas. Reconoces que no trabajabas en una empresa normal y que estudiaste tenazmente para realizarte como profesional. Creo que no lo he dicho, pero en mi caso tengo una de las profesiones más comunes del mundo: periodista. Sin especialización. Un don sin din. Ya sabes, puedo entrar a cambiar unos cables de la luz o sentarme de recepcionista y pulsar botones alegremente o repartir propaganda por la calle.

En la universidad el profesor de deporte me dijo: «Especialízate en algo que no sea fútbol. Por ejemplo, patinaje artístico. Dale a la redacción un aire casi poético». ¿Te imaginas «los patines se deslizan por el hielo húmedo y rayan de círculos concéntricos tu presencia»?

Como adivinarás, no me he hecho famosa por escribir sobre patinaje con tintes poéticos.

Una vez que finalizas la carrera sueñas con ejercer como corresponsal, trabajar en un gabinete importante o escribir para una revista. También adviertes que deseas tener una vida. Y los sueldos no encajan con las horas que trabajas (fíjate, se te daban mal las matemáticas, pero eso lo aprendes muy rápido).

Mi primer trabajo sonaba muy bien en el anuncio: bibliógrafa y archivista a tiempo completo. Pero de cómo sonaba a lo que en realidad era había un abismo.

El primer día fue inolvidable. Subí en el ascensor con mucha energía acompañada de mi amigo, el miedo, decidido a acaparar mi vida. Iba vestida con un traje de raya diplomática y tenía muchas ganas de comerme el mundo. Aunque terminó por devorarme él a mí.

La primera tarea que me encomendaron me envió directamente al suelo: no había silla para mí. Eso no aparecía en el anuncio. Archivé incontables contratos de la empresa de telefonía Uni2; con un carrito transportaba los papeles de un lugar a otro. Recuerdo que la gente, sentada en sus mesas, se volvía asombrada al verme: «¿Dónde pensaba esta pobre que iba a trabajar, en las torres KIO?». Duré dos días y medio. Comía en una cafetería, sola, un sándwich mixto. ¿Dónde estaba mi clase de la facultad? ¿El bullicio? Todos se habían ido.

La universidad no me había enseñado a gestionar la soledad, ni por supuesto mis fortalezas. Todo me quedaba grande. ¿Y qué hice? Lo que he hecho tantas veces: huir. Hui como una rata callejera.

No sentía que encajara en ningún sitio. Debía vivir, pasar un tiempo creciendo y formándome. Y eso fue lo que hice: un sinfín de cursos sin sentido.

Los empleos comenzaron a sucederse. Recuerdo que trabajé en Banco Santander haciendo presentaciones en PowerPoint para Price Water House. Mi horario era hasta las once de la noche, aunque no era de los peores: por allí paseaban chicos engominados que se afanaban hasta las cinco de la madrugada. Consultores a tiempo completo. Las ojeras rodaban por la sala. Todo el mundo tenía un halo grisáceo. A mí la salud comenzó a avisarme y empecé a padecer vértigos, como si viajara en barco todos los días. El suelo se iba al techo y el techo salía por la ventana. No sabía cómo gestionar el estrés. Una voz interior me gritaba que no estaba cualificada, que yo no servía para eso. Los fantasmas del miedo me comían otra vez.

No me satisfacía nada y sentía una gran soledad. No estaba preparada para pasar mucho tiempo con gente desconocida. No encontraba mi patio de recreo. No sé si conocéis esa situación de tener pareja y querer dejarla antes de que te deje a ti. Más o menos, esto era parecido; sentía pavor a fracasar.

«Fracaso» es el resultado adverso de una cosa que se esperaba que sucediese bien. Yo me anteponía a los resultados. Ahora sé que el fracaso se puede gestionar bien o mal. Pero ¿qué es el fracaso exactamente y para quién? Fracaso no es que te despidan o que se termine algo. Fracaso es no ser feliz. No te machaques. Mata al pequeño ruiseñor que te canta cada mañana que no eres válido.

Reflexiona: quien tanto te critica, quien te evalúa y te mide también tiene miedo y a veces toma decisiones erróneas.

Piensa en el poder del ahora. El pasado no existe. Un día no estaremos aquí y todos habrán olvidado eso que tú llamas «fracaso».

No culpes a nadie, ni a ti mismo. Las circunstancias son externas.

Enumera lo que has conseguido. Establece metas cortas. No corras para alcanzar grandes glorias, porque en ese lugar está refugiado el fracaso.

Date un capricho. Mímate.

Deja de llamarlo «fracaso».

Recuerda a Thomas A. Edison. Cuando era pequeño, un profesor le dijo que era demasiado estúpido para aprender nada. Antes de tener éxito con la primera bombilla «fracasó» más de nueve mil veces, es decir, hizo más de nueve mil experimentos.

Todos fracasamos haciendo lo que no nos motiva. Lo mío era escribir, pero no lo supe hasta el día de mi despido, cuando me reinventé. No es una historia como la de Walt Disney; no me subí a ningún tren físicamente, pero sí a diferentes vagones que pasaron por mi puerta. Cada vagón te enseña cosas para ir más tarde en un tren de primera clase.

Quiero ponerte en antecedentes para que este libro te haga reflexionar sobre tus capacidades o al menos seas consciente de que en alguna ocasión somos piezas perdidas que necesitamos reinventarnos. Solo pretendo ser un pequeño apoyo por si alguna vez se te extravía la pieza del puzle. Hay rincones de la casa por los que puedes seguir buscando.

Hace poco leí la biografía de la directora ejecutiva de Yahoo, Marissa Meyer, graduada con honores por la Universidad de Stanford. Un genio de las matemáticas que plantó a Google por Yahoo.

Fue la primera mujer que se incorporó al equipo de ingenieros de Google. Lanzó multitud de productos Google al mercado. En el año 2012 la revista Forbes la clasificó como una de las cincuenta mujeres más poderosas del mundo. Una de sus mayores competencias es la inteligencia artificial.

Yo no era esa mujer valiente de Silicon Valley, pero podía llegar a serlo, quizá con la chispa artificial. Siempre han dicho que soy una de las chicas más divertidas de mi grupo de amigos, pero te aseguro que con eso no se consigue empleo. Quizá si echara mi currículo en *El club de la comedia*...

Marissa Meyer pronunció esta frase: «Siempre hice algo para lo que no estaba preparada. Creo que es la manera de crecer». Cuando llegas a ese momento «Guau, no creo que pueda hacer esto» y superas el reto es cuando avanzas.

Tal vez si yo hubiera estudiado en una de las universidades más prestigiosas de Estados Unidos ahora mismo lideraría una empresa multinacional farmacéutica o qué sé yo, sería la dueña de Telefónica.

Mi infancia y adolescencia, educada entre nubes de algodón, me lo impidieron. Mis miedos impidieron la posibilidad de tener una carrera influyente. Me calificaría como «cagueta universal». Durante años oí: «Si ves que no puedes, déjalo, cariño».

Mi madre, que nunca fue una Marissa Meyer, fue muy protectora, nunca impulsó mi crecimiento profesional. Ocurrió lo contrario con el afectivo, en el que ganaría todos los premios del mundo. El fallecimiento prematuro y repentino de mi padre creó en el seno familiar una sensación de pérdida. Un sentimiento que ha influido en mis relaciones sentimentales, amistosas y, obviamente, laborales: un profundo terror a fracasar, a ser señalada con el dedo de pie, junto a la pizarra, mientras oyes carcajadas cada vez más sonoras. Algo irreal que solo creas tú y que debes dominar. El miedo es un leviatán que nos destruye por dentro y nos hace vulnerables.

Mi madre se dedicaba a la ópera; concretamente trabajaba en el coro de RTVE. Por suerte o por desgracia, nunca la vi sentada durante horas delante de una mesa de despacho ni pasando consulta o negociando tarifas. Los viernes por la noche se ponía la túnica diseñada por Pertegaz e iba andando al Teatro Real. Unas horas más tarde la veía en televisión. Mi tía Amelia me señalaba la pantalla y con voz risueña me decía: «Es la tercera empezando por la segunda fila».

Esa era mi madre, la que siempre aparecía en La 2 los sábados por la noche; y yo señalaba como una loca posesa el televisor, orgullosa de ella. Cantaba arias de ópera por la casa y por las tardes hacía conmigo los deberes. El trabajo para mí, desde niña, siempre fue un mundo multicolor, influenciada también por los dibujos de *La abeja Maya*.

Yo quería una profesión para disfrutarla. Ponerme la túnica y que las horas pasaran como libélulas voladoras. Y ¿sabes lo más espantoso? Que no había nada que me gustara. O eso creía, con mis malditos prejuicios. ¿Cómo iba a buscar algo si todo me parecía igual de aburrido y estresante?

Por eso siempre elegía empleos inferiores a mi capacidad profesional. Quería controlar. El control, el maldito control de las cosas. Da miedo que una pieza se caiga entre las faldas de la camilla y se pierda. Por eso creemos que si sujetamos fuertemente las piezas ninguna rodará por el suelo. Pensamiento equivocado, porque nada es para siempre.

Recuerdo a un jefe engominado que se levantó de su asiento y fue a buscarme.

—Quiero que trabajes como mi mano derecha —y añadió—: y quiero que vengas conmigo a Accenture. Haré de ti alguien grande.

Estas cosas pasan una vez en la vida. El miedo de nuevo se apoderó de mí. ¿Qué hacía una chica casi sin experiencia en una de las consultoras más importantes de nuestro país? Esta empresa ha realizado más de 3 000 entrevistas desde septiembre del 2017 y ha contratado a 1 325 personas. El 98 % de los contratos han sido indefinidos. Yo podría haber sido una chica de esas, pero siempre me consideré una pieza sin valor. Accenture fue elegida por Merco Talento como una de las mejores empresas en las que trabajar en España: concretamente en el puesto treinta y cuatro. En los primeros puestos estaban Inditex, Repsol y BBV.

—¿Lo has pensado? —Él me perseguía por la oficina—. Lo harás muy bien, y creo que aquí podemos cambiar muchas cosas.

¡Dudaba tanto de mí por aquel entonces! Llegué a pensar que él me miraba con gafas de realidad aumentada.

Tardé una semana en responderle. Entré en su despacho, tragué saliva, miré al techo y le dije:

—Prefiero serte sincera. Esto no es lo mío. Soy más feliz ahí fuera.

—¿Quieres ser una mujer gris?

—Creo que sí.

Me levanté y cerré la puerta. Y en ese mismo momento cerré la puerta al cambio. Desde luego, yo no quería ser una mujer gris. A mí me gusta el multicolor.

Los cambios para mí causan las mismas sensaciones que experimentas cuando subes en la montaña rusa; a algunos les fluye más adrenalina, pero a mí me baja la presión arterial, me mareo y se adueña de mí el desasosiego. Según la psicóloga Laura Rojas Marcos, «los cambios nos asustan porque despiertan sensaciones de incertidumbre y temor a perder o fracasar».

Gracias a su libro *Somos cambio. Comprender, afrontar y adaptarse positivamente a los retos de la vida* entendemos los principios de autocontrol, asertividad y positivismo. Palabras muy lejanas en mi vocabulario. Y hasta que uno no las encaja en su puzle todo es un bucle de dolor.

Las cosas se van y hay que dejar que vengan otras. Despedirlas. El empleo es el sector más cambiante de todos. Si no te gustaba la casa movediza del parque de atracciones, olvídate: en el mundo laboral estarás durante mucho tiempo mareada y oscilante.

Rondaba el año 2007. Como decía Sophia Petrillo (Sicilia, 1936), estaba situada en mi zona de confort. Esa zona mullida, ese colchón de plumas que cuando te acoge en su seno te mece y te embulle de forma suave hasta dejarte dormido. Yo diría que muerto.

Mi jefa iba y venía sin imponer normas; trabajábamos de forma casi autónoma. Y digo «casi» porque un día me convertí en autónoma de verdad. Lo que yo creía que era autonomía en realidad era una soga transparente colgada al cuello. El bolígrafo Bic no se cayó como todos los días a las seis de la tarde: se perdió definitivamente. Me entró el pánico y me vi obligada a comenzar de nuevo.

Me quedé desempleada y me vi en la cola del INEM. El gran club llamó a mi puerta y todo mi mundo se derrumbó. Me sentí muy sola, muy angustiada.

Un atisbo de esperanza surgió. Debía permitir que una pequeña flor germinara tras el derrumbe. La vida me estaba ofreciendo cambiar, pero curiosamente no lo sabía.

El gran novelista ruso Tolstoi, compañero de largas noches, nos regaló una frase muy interesante: «El cambio permite cambiarse a uno mismo».

Como todos, me enfrenté a la ardua tarea de firmar y ordenar la documentación del despido. Consulté a Silvia Plaza, técnico en administración de personal, y me explicó que tras la finalización del contrato vinculado lo importante es la revisión del documento de la liquidación, en el que se incluye el salario de los días devengados, la indemnización correspondiente (solo en aquellos casos en los que se haya producido la finalización de un contrato eventual, por obra o servicio o bien un despido), otras retribuciones pendientes de liquidar y los días de vacaciones proporcionales no disfrutados. En este último caso, la prestación por desempleo se inicia una vez termina el período de vacaciones no disfrutadas. Es decir, que si tu contrato terminó el día uno de abril y el período de vacaciones no disfrutadas es de tres días empezarás a percibir la prestación por desempleo a partir del cinco de abril.

Actualmente, la mayoría de las empresas envían telemáticamente el certificado de empresa, documento indispensable para cobrar la prestación por desempleo que acredita la situación legal de desempleo y la causa de la misma. También aparecen los datos de las bases de cotización de la nómina de los últimos ciento ochenta días trabajados. Dependiendo de la causa inscrita en el documento se tendrá derecho o no a solicitar una prestación por desempleo.

Silvia Plaza también escribe poesía en sus ratos libres. Hemos tenido la suerte de publicar un poemario titulado *Sincericidio* con la editorial del poeta Leopoldo Panero. Todos tenemos grandes capacidades ocultas.

> A veces me siento en mi silla rotatoria frente al escritorio
>   y la pantalla blanca,
> las voces estrangulan el silencio, y los comentarios fluyen,
> el humo del café espesa el entorno
> y yo en mi silla giratoria miro y no veo nada
> sola ante la nada, de un mundo lleno de gente
> y yo oscilando como un asteroide diferente.

Así, como nos cuenta Silvia Plaza, nos sentimos muchos cotilleando las páginas de los portales de empleo. Girando en nuestra silla, parando para comer, continuando durante la tarde hasta la noche. Entonces descubres que el hecho de buscar un empleo es un trabajo en sí mismo.

El empleado de banca que te atiende cada mañana puede ser un bailarín de *swing* a tiempo completo los sábados. Quien te vende el pan quizás edita vídeos. Descubrir nuestros talentos ocultos, potenciar nuestra creatividad, nuestras pasiones, equilibra nuestra vida rutinaria. «Compensación» es otra palabra que debemos añadir a nuestro puzle. El trabajo cambia, pero puedes abrir el abanico de posibilidades.

Nunca olvides a Tolstoi.

El puzle defectuoso

«Nadie puede hacerte sentir menos sin tu consentimiento».
Eleanor Roosevelt

Llegó el momento de la presentación. Tu tarjeta de visita. Los invitados te esperan al otro lado de la fiesta y tienes que mandar tu credencial con un lazo de organza y vestirte de etiqueta. Lee bien la invitación y cumple los requisitos que se especifican.

No olvides que el CV es una herramienta personal para superar cualquier proceso de selección.

Me zambullo en webs de recursos humanos como la que lleva nuestra compañera Mercedes Poyato, mercedespoyato.com. Orientadora laboral y consultora de selección de Adecco con una larga trayectoria en el sector del turismo, nos lo explica:

—¿Qué le pedirías a un CV?

—Un aspecto «multiadaptable», porque la realidad es que si eres profesional con experiencia en un sector cuesta mucho cambiar a otro o solicitar un empleo de menor cualificación si, por ejemplo, se dispone de estudios. Hacer diferentes currículos es clave para abrirse paso en diferentes sectores, porque según sea el enfoque te lo tienen más o menos en cuenta.

Ante mi batería de preguntas, Mercedes es ágil, dinámica, tanto como en una entrevista en grupo. Se nota que tiene experiencia, tiene la mirada inquieta de las reclutadoras. Hay reclutadoras encantadoras, como ella. Me pone las cosas fáciles y nunca me da respuestas cerradas. Otras con sus trajes entallados miran al frente perdonándote la vida.

—¿Formas de entregar un CV?

—En papel, generalmente. Algunos llaman por teléfono a la oficina solicitando un contacto electrónico. He llegado a recibir currículos escritos a mano, porque el rango de edad es bastante variopinto; a mayor edad, menos tecnología....

Sobre hostelería, que es el sector que ella más trabaja, nos dice:

—El perfil es variado. Desde los curiosos que se acercan para ver si les encaja, miedosos por el carácter temporal hasta algún que otro sobradillo, sí. Al final, en las dinámicas de grupo que organizo hay personas muy abiertas de mente que tienen verdadera necesidad y se interesan y otras que juegan a reventar la dinámica. Por suerte, estas últimas son minoría, pero se han dado casos.

Nos indica que en la delegación pueden recibir treinta currículos al día, pero siempre se anima al personal a que se registre en la página web para tener la oportunidad de optar a ofertas nacionales.

Se nota que disfruta con la tarea de buscar empleo porque detrás de esa búsqueda hay personas que necesitan ayuda. Es un placer escucharla.

—La tarea de consultor de selección es preciosa; el trato con la gente te enseña mucho, es la forma de ver cómo son en la realidad los perfiles que buscan los clientes. Una cosa es ver sobre el papel el perfil demandado y otra encontrar candidatos que se ajusten y cumplan los requisitos. Me parece muy interesante.

»A esto le uno la orientación laboral, poder tener la oportunidad de enseñar a los demás cómo hacer un currículo, cómo presentarse al cliente, a una entrevista... No lo cambiaría por nada, y eso que la carrera que hice fue Turismo, pero por reinventarme profesionalmente y dar un paso más me especialicé en Recursos Humanos.

Esta chica está llena de pasión. Ambrose Bierce seguro que diría de ella: «Algo que te vuelve tarumba, que no puedes dejar de perseguir hasta morir en sus brazos».

▣▣▣

En efecto, tener pasión es estar enamorada de la vida. Y yo no lo estaba. Sentía que todo iba mal. Sin empleo me sentía en una desazón continua, vivía angustiada y, por qué no decirlo, descompasada del ritmo que movía a la sociedad.

En plena crisis laboral se me habían juntado también la existencial, la personal y muchas más clases de todo tipo de crisis innombrables. Durante mucho tiempo temí ser una maniaca depresiva.

Mi vida se colaba por las rendijas de la alcantarilla y no se podía rescatar. Señores: era yo quien tiraba de la cadena del WC para dejarla marchar hasta el océano. Cuando había algo blanco yo lo embadurnaba de negro.

«Adiós, mi princesa, vuelve pronto», gritaba al mundo mientras seguía buscando trabajo por los mismos canales.

Ninguna pastilla mágica curaba mi dolor. Mi psicóloga me dijo algo que me hizo pensar:

—Una persona depresiva se nota que lo es por algo... —balbuceó, como si le costara decirme lo que me tenía que decir—. Entre nosotros decimos algo, pero no está bien comentarlo. Un depresivo aburre. Y desde que estás aquí conmigo no me he aburrido ni un solo día.

Además de pagar religiosamente mis terapias también entretenía. Fue una lástima que no me ofreciera un pequeño trabajo. Nadie confiaba en mí, ni yo misma.

Ya hemos recibido la invitación para una fiesta programada. Ahora solo hay que contestar para acceder. ¿Etiqueta o bermudas?

1. Y volviendo al currículo: nuestra carta de presentación tiene que invitar a catarlo, como un buen Protos. Mercedes nos aconseja «hacerlo bonito» y nos recomienda un sitio web de plantillas gratuitas, **Hloom.com**. Yo añadiría **LinkedIn Labs**. Puedes importar los datos si tienes cuenta en LinkedIn.
2. **VisualCV**. Nos da aspecto de hombre o mujer de negocios. Serio y formal. Lo que nunca fuiste.
3. **Cuvitt**. Muestra tu currículo como un todoterreno. Eres de los que te mojas en charcos.
4. **Kinzaa**. Puedes incluir alguna infografía para darle ese toque de color que le falta. Siempre hay que buscar la sencillez y, por supuesto, la concisión. Es preferible escribirlo a la antigua. El continente importa, pero el contenido mucho más.

No es lo mismo enviar un currículo para un despacho de procuradores que para una agencia digital. Leí una historia que me impactó sobre el formato del currículo que mandó un chico que no recibía respuesta a ninguno de sus correos electrónicos. Lo envió con fondo negro y letras blancas. A las pocas semanas lo llamaron.

Aunque te sorprenda, llamó verdaderamente la atención del reclutador.

Y luego está la historia conocida por todos, la de David Heredia, creativo publicitario que un día decidió dejar su trabajo en la televisión porque no le «llenaba». Grabó un video en el que los protagonistas eran sus abuelos; ellos eran quienes hablaban de las virtudes y fortalezas de su nieto.

«Es una bella persona, lo conozco bien desde chiquitillo», afirmaba su abuelo, orgulloso. Su abuela, mirando a la cámara, sin apenas poder articular las palabras «creativo publicitario» y de forma muy natural decía: «Si está parado no le gusta, pero si está trabajando bebe los vientos».

¡Qué simple y qué potente! Tanto, que se convirtió en viral: su vídeo fue finalista en la categoría «Joven talento».

Evidentemente, hay que enamorar a la persona que tenemos delante, y muchos trabajos se pierden por falta de *feeling* o de conexión social. Así que tranquilo, piensa que esa persona te entrevista, pero tú también estás entrevistando a la empresa.

Observa cada rincón, el ambiente, la manera de vestir del personal, si te echan sonrisas en el pasillo. Todo sirve para sentirte a gusto. Cuando el entrevistador te pregunte, aprovecha toda la información que hay en cada pregunta. Recuerda: la información es poder.

Por ejemplo, si vas a entrar en un puesto como creativo, en la sección de cursos y formación del currículo puedes poner «Másteres del Universo». Conozco a una persona que lo hizo y encontró trabajo.

Juégatela. Arriesga y gana.

Y si pierdes, ¿qué has perdido?

Nada.

Has aprendido que un rechazo solo es un escalón del aprendizaje. Tenías un reclutador que no estaba enamorado de ti. Y eso es ganar. Tú quieres y buscas conexión, sintonía. Atracción. Esas piezas sí que son importantes para armar el puzle.

Mi pieza de la cúspide de la torre Eiffel. ¿Dónde estará?, me pregunto. No quiero pensar mucho, pero como no la encuentre no voy a poder colgar el puzle en la pared. La obsesión va en aumento y no ayuda a la hora de buscar empleo.

Necesitamos trabajar para mantener nuestra autoestima a flote. He discutido en numerosas ocasiones con personas que exclaman: «Yo, si pudiera, no trabajaría. Me bastaría con mis aficiones».

Curiosamente, son personas que aman su trabajo, normalmente gerentes o directivos de multinacionales que le echan muchas horas. Me pregunto si podrían ser meros administrativos. No lo sé, sinceramente. Pero la duda sobrevuela por mi cabeza.

Créeme: el trabajo es salud. Quienes no desean trabajar no saben de lo que hablan. He estado en los dos lados. La rutina diaria de madrugar para ir a trabajar es necesaria; nuestro cerebro valora los dos estados, positiva y negativamente. En una comparación dramática es como la muerte, que está presente como antítesis de la vida para que valoremos esta última.

Una de las cosas que siempre he defendido es que la autoestima te da un poder sobrenatural. Otro punto a mi favor es que gracias al trabajo uno paga la factura de la luz, del agua, del teléfono y valora los fines de semana. Esto último quizá te choque, pero seguro que alguno sonríe al imaginarse durmiendo hasta que la luz del mediodía se cuela por la ventana. Es fantástico. Y debemos echar currículos para conseguir eso.

Con el trabajo uno no solo se siente útil, sino que realiza una labor que, sea aburrida o no, te hace sentirte orgulloso de ti mismo.

Si alguno ha estado en paro durante un largo periodo, evitando las excepciones por cuidar de un familiar, año sabático o embarazo, te golpea la inactividad durante meses, o años, como la lluvia repentina que te cala hasta los huesos. La tormenta se hace cada vez más intensa, el agua cae a borbotones y te resguardas debajo de un toldo deshilachado.

Siempre me he anticipado con pensamientos terribles a cosas que nunca han sucedido: el peor jefe del mundo, compañeros distantes, sentirme poco valorada...

No te adelantes de pensamiento a los hechos. El pensamiento es un correcaminos que pone zancadillas en cada esquina.

A los pensamientos hay que sumarles mi vestimenta diaria. Soy un pijama andante. Desde que me levanto hasta que me acuesto, las rayas se retuercen en mi cuerpo. Veo la vida desde la ventana. Tampoco te apetece salir a la calle, porque buscas trabajo, pasas horas y horas mirando miles de ofertas ante el ordenador y el tiempo corre. Cuando llega la noche, te sientes estúpido. Nadie te ha llamado, y entonces te preguntas por qué no has paseado por el Retiro para echar migas de pan a los patos.

La fiesta obligaba a vestir con traje de noche y yo aparecí en bermudas. En mi currículo había más cursos que experiencia profesional. Mi puzle era desastroso, como una olla exprés con lentejas: condimentar, sazonar, condimentar. «Que no nos *farte* de *na*».

He aquí algunos consejos interesantes sobre el currículo para que el puzle alcance el nivel de perfección:

1. Títulos superficiales no, gracias. No pongas el título «*Currículum vitae*». Vamos a necesitar todo el espacio del mundo para vendernos.

2. El gobierno de España quiere que los datos personales y las fotos desaparezcan del currículo. Quizá sea como esos concursos de *You Got Talent* en que el jurado escucha la voz de un cantante sin ver el rostro. En este caso el reclutador leería las fortalezas y debilidades sin disponer de tus datos. Yo discrepo un poco. Creo que lo que debería desaparecer del todo es la edad, como la foto de uno de los protagonistas de *Regreso al futuro*. A lo largo de los años he ido cambiando. He pasado de ser una «viejoven» a sentirme más joven... y más JASP (joven aunque sobradamente preparada) que nunca.

Si no tienes aspecto de asesino en serie ni das un beso a cámara con el pelo revuelto creo que la foto puede ayudar a que nos llamen. No buscamos físico, pero sí una buena presencia.

3. Contenido y continente: Qué voy a decir de las faltas de ortografía. Léelo varias veces y pasa el corrector ortográfico de Word. Una persona sin cultura es síntoma de debilidad.

4. Sitio Web/RRSS. Debes incluir las webs más profesionales. Demostrarás que eres un técnico y que estás actualizado. Pulsa F5 y resetea tu vida.

El otro día leí que en 2050 la inteligencia artificial llegará plenamente a nuestras vidas. Leí que el sexo con robots será normal. Es lo que piensa David Levy, autor del libro *Amor y sexo con robots*. ¡Cómo podemos liarnos con Sputnik 43 y no tener LinkedIn! Si vivimos en las *smart cities,* utiliza las redes sociales: SnapChat, Instagram y, por supuesto, Twitter. Si eres arquitecto, te aconsejo tener Instagram. El diseño de tus fotos va a ser fundamental. Y si escribes un blog te hago la ola. Más adelante te contaré el salto a esta piscina que para mí estaba sin agua.

5. Pon un título prometedor a tu currículo. Si es para una agencia digital, podría ser algo como «Astronauta en busca de su espacio». Si es para algo más serio, «Técnico de redes de sistemas» o «*Community Manager*, especialista en SEO *(Search Engine Optimization)* y SEM *(Search Engine Marketing)*».

6. Formación académica. Además de los estudios principales o la licenciatura, en mi caso suelo poner lo más destacable, ya sea curso, posgrado o lo que creo que puede ser de interés para la oferta de trabajo a la que aspiro. Los ojos del reclutador se dirigirán allí de una manera rápida. Si tienes alguna tesis o libro publicado, ponlo. Eres un tipo diferente y se busca la marca diferencial.

7. Cursos y más cursos. Empieza por los últimos, aunque si tienes algo muy potente como un MBA (Máster de Dirección y Administración de Empresas) o un curso de posgrado especialista en Riesgos Laborales, sácalo de la sección «cursos» y llévalo a la de formación académica.

8. Idiomas. Si tienes un nivel medio, yo te aconsejaría que pusieras nivel alto. Es la única mentira piadosa que te voy a hacer decir. Quiero que pases el filtro, que te des la oportunidad de sentarte en una silla y ponerte a prueba. No es verdad que en todos los empleos busquen a alguien bilingüe. Yo suelo poner el listón alto; ya habrá tiempo de bajar con el ascensor en el descansillo. Si ves que el puesto es para hablar con todas las organizaciones internacionales, olvídalo. No somos locos, solo personas con ilusión.

Tuve una entrevista con Iberia por teléfono, y gracias al arrojo y a mis largas horas viendo las series *House of Cards* y *Orange is the New Black* se podría decir que di el pego. A eso le uniría las conferencias TED que oigo diariamente. En YouTube tienes la posibilidad de ver los vídeos en todos los idiomas que desees, pero algunos están mal traducidos. TED en cambio es en general excelente. Además, los conferenciantes nos hablan de temas interesantes. Estudiar inglés no es *boring*.

Si tienes la posibilidad de recibir clases de inglés a domicilio o por Skype te lo recomiendo. En mi colegio las impartía una mujer que no hablaba inglés; encendía el casete y sonaba Frank Sinatra. Recuerdo que en sus clases había una acústica maravillosa.

Un profesor de inglés a domicilio potencia tu habilidad para expresarte. Yo he tenido dos en los últimos años. El primero se llamaba Greg, de Misisipi. Conseguí su teléfono en un anuncio en una farola. El primer día hablamos de la vida y muerte de J.F. Kennedy y de la divisa. A medida que pasaron los días creció la confianza; subía a casa con la bicicleta y la aparcaba en mitad del salón. Me contaba que había vivido muchos años en un velero, años de los que mantenía su aspecto bohemio. Otros días llegaba con la bandera española y un agujero en la mitad y se paseaba por toda la ciudad luciéndola como símbolo de protesta igual que se hizo en Budapest en el año 1956. Un agujero que representa romper con el pasado histórico y renovarse.

A veces lo veía en el programa *Cuarto Milenio* hablando del 11-S; apostaba por una conspiración del gobierno norteamericano. Una noche me invitó a conocer a su novia. Era galerista y vivía en mi misma calle. Antes de entrar me susurró:

—Mi novia es muy joven. No te asustes.

Él rondaría los cincuenta y tantos años y ella tenía veinticuatro. Joven, guapa y una artista con la acuarela. Mi interés por el inglés creció a medida que me iba contando sus líos amorosos con ella.

Siempre hay que encontrar un aliciente. Y en el inglés es muy importante.

9. Experiencia profesional: puesto, año y nombre de la empresa. Si ves que alguna de las tuyas ha quebrado o tiene mala fama, ni la nombres. Puedes poner algo así: «empresa nacional de logística» o «asociación empresarial». No te deben involucrar en empresas que no han tenido un final feliz. Esas películas no las puedes recomendar.

10. Otros datos de interés. Como siempre digo, algo que sea llamativo para ti y que creas que puede ser motivante y enamorar definitivamente al reclutador para que te pida de una vez la cita.

11. Número de hojas: una o dos. Si en la segunda tienes algo de interés, no dejes de ponerlo. Cuando digo «algo de interés» no me refiero a que bailes al estilo Bollywood. Pero si por ejemplo has trabajado de voluntario o has participado en la «Noche en blanco» de Madrid haciendo dibujos terapéuticos es buena idea incluirlo. Es interesante tener el currículo en diferentes formatos (pdf, en línea, en LinkedIn, en vídeo…) para mandarlos en función de las características del puesto. No olvides los videocurrículos, pues conseguirás uno de los principales objetivos que perseguimos cuando buscamos empleo: destacar y diferenciarte del resto. Eso sí, asegúrate de que está bien hecho y de que incluye todos los datos necesarios.

La pieza suelta

«El fracaso y el éxito no están en caminos diferentes, están en el mismo. Que aún no hayas tenido éxito no quiere decir que no puedas tenerlo, sencillamente quiere decir que aún no lo has conseguido».

Cathy Collaut

En el año 2013 se aprobó el primer ERE (Expediente de regulación de empleo) en un medio de comunicación madrileño: 861 empleados de Telemadrid despedidos. Entre ellos, Cristina (40 años y un sinfín de sueños por cumplir).

En la vida hay baches; muchas piezas se pierden por el camino, no hay manera de encontrarlas y el puzle no se puede terminar. Eso fue lo que vivieron Cristina y sus compañeros de Telemadrid. Algo dramático, inesperado. Mucha gente perdió su trabajo de un día para otro, lo que provocó desasosiego y que el puzle se desarmara.

«Para mí no fue tanto, pero para muchos compañeros fue dramático... Los dos miembros de muchas parejas se quedaron desempleados, embarazadas (que fueron reincorporadas por despido improcedente), personas con bajas laborales por enfermedad grave... Fue un ERE injusto, cruel y sin piedad si tenemos en cuenta que la mayoría era personal laboral fijo con una oposición aprobada. Además de una rebaja en las indemnizaciones (de cuarenta y cinco días a treinta y tres en los casos de despido improcedente) supuso una indemnización de veinte días por año trabajado para los laborales fijos».

Esa es la primera parte de la historia de Cristina.

Se sintió como un pez llamado Wanda. Flotó en su pecera durante los años que trabajó para el medio de comunicación madrileño. De vez en cuando sacaba la cabeza para otear otros peces, aunque su situación profesional era muy confortable. Redactaba noticias, leía los teletipos, cubría los partidos de primera... hasta que un día echaron demasiada comida en la pecera y comenzaron a flotar cada vez más y más peces. La pecera se agrietó y el agua se derramó.

Sentía que le faltaba el resuello. La respiración, cada vez más agitada, le provocaba apnea.

En el proceso que llamaré «la agitación de las aguas» vas a pasar por cuatro estados hasta llegar a la gran transformación de anfibio a humano.

1. **El impacto**
   Estás en *shock*. No te puedes creer que te toque a ti vivir esa situación.
2. **La negación**
   Eso les pasa a otros. No puede ser. Tiene que haber un error. Esperas la llamada de disculpa y volver a la situación del principio. ¡No quieres que nada altere tu vida!

3. **La aceptación**

   Empiezas a ser consciente de la situación. La larga espera para ver si tu dueño vuelve a por ti se ha terminado. Se ha ido a dar de comer a otro pez. Hay que buscar el autoabastecimiento. Se inicia la etapa de supervivencia.

4. **Acción**

   Te sientes fuerte. Ya no haces señales a los otros peces. Ahora eres tú quien toma las riendas. «¡Soy el rey del mundo!», gritaba Jack Dawson, el personaje de Leonardo DiCaprio en *Titanic*, encaramado a la proa del lujoso barco sin poder imaginar su trágico final.

Cristina había pasado por esos cambios. Al principio se sentía en un mundo oscuro, negro, sumergida en un agua sucia y llena de algas. No reconocía su escenario.

> «Te despiden. Empieza un mundo desconocido hasta entonces en el que te agobia hasta ir al INEM. Resulta que tienes que pedir cita previa. Todo se te hace un mundo. Luego te toca ir a juicio porque tu empresa después de más de una década se deshace de ti con veinte días por año trabajado en vez de cuarenta y cinco. Así que de abogado en abogado hasta que encontramos uno que nos gustó se nos fue un mes...».

Los tiempos se dilatan y viene la descarga de energía. Cristina es un *ciborg* en busca de una oportunidad. Eso es. Ella misma lo afirma:

> «Pero que te despidan es una oportunidad también. Oportunidad para dejar un trabajo que se ha vuelto muy rutinario, incluso que sabes que te va a cansar dentro de unos

años, para salir de la zona de confort [odio esta expresión], para volver a estudiar, reciclarte, aprender inglés de una vez para siempre y abrirte a un mundo que antes de que te despidieran no soñabas que existiera (para mí el mundo de Internet, SEO, redes sociales...)».

Y entonces pasa al cuarto nivel: la acción. Comienza a generar endorfinas, que son las hormonas de la felicidad. Sabe que hay un camino y lo va a seguir. Tiene que recargar la linterna. No tiene pilas, por eso la agita como una carraca de feria.

Ahora tendrá oportunidad de vivir con sus hijos fines de semana completos, cosa que nunca había sucedido. También encuentra algo que le completa como nunca habría imaginado: la enseñanza. Cristina estudia actualmente Magisterio.

Nunca es tarde para volver a empezar. A veces tienes que retroceder unos pasos para tomar impulso, da igual que tengas seis o setenta años.

La pasión y la motivación son las claves para comenzar a rodar. Afortunadamente, nuestro cerebro tiene una capacidad infinita; el único freno lo ponemos nosotros mismos, nuestras creencias se imponen. «No podré estudiar», «no retengo más de tres frases seguidas»... Estás equivocado. Un equipo de científicos del instituto médico de Karolinska diseñó una técnica basada en el carbono 14 para determinar cuántas células se generan al día en el cerebro. Descubrieron que existe neurogénesis en el hipocampo durante toda la vida.

Nunca es tarde para soñar, vivir, saltar, cruzar el horizonte. Te voy a dar dos ejemplos con la misma ilusión por el cambio.

Una murciana de noventa y cuatro años consiguió acabar los estudios que empezó en 1941 gracias al empeño de su nieta. Fernanda comenzó a estudiar en 1941 en la facultad de Ciencias.

Adoraba los experimentos, pero por circunstancias ajenas a ella tuvo que abandonarlos en 1949. Solo le quedaba una asignatura para licenciarse.

«En la familia no sabemos muy bien qué pasó. Hay distintas versiones. Una de ellas es que no se llevaba demasiado bien con el profesor de la asignatura, que le tenía manía...», cuenta al otro lado del teléfono Fernanda Tirado, la nieta que decidió tomar las riendas del asunto hace un año para conseguir que la institución le concediese el título. «Le preguntamos si quería que lo intentásemos y nos dijo que sí, que estaba interesada», confiesa.

La ilusión mueve el mundo. Su nieta solicitó la evaluación compensatoria. Siempre que quede una asignatura, puedes obtener la licenciatura. El trámite se demoró unos meses, pero poco después recibió en su domicilio el título de Licenciada en Química. Organizaron un acto para celebrarlo. Fernanda es feliz y su familia siempre tendrá esa pieza única como referente.

¿Conoces la historia de Ryan Hreljac? Un día en el colegio oyó que los niños de África apenas tienen agua. La profesora les explicó que muchos no podían acudir a la escuela por la falta de este recurso. A él le sorprendió mucho y no lo comprendía porque muy cerca de su casa había un pozo de agua.

A partir de ese momento, aquella tragedia se convirtió para él en una obsesión. Trabajó durante meses para ganar dinero y construir fuentes de agua para los menos favorecidos. En un principio pidió dinero a sus padres a cambio de hacer las tareas del hogar. Un pozo por aquel entonces costaba dos mil dólares, así que limpiar los cristales y fregar los platos se le quedaba corto para alcanzar el objetivo. Pero su onda expansiva de esfuerzo e ilusión llegó a la comunidad de vecinos. Comenzó a cortarles el césped y a hacerles recados. Vendió limonada. La onda de pasión siguió su curso hasta conseguir los dos mil dólares. Ryan consiguió su sueño. Sus vecinos le pagaron el primer billete de avión para que viajara a África. Cuando llegó a Uganda todo era una fiesta. Lo recibieron con los brazos abiertos. Gracias a su constancia y dedicación lograron construir un pozo de agua para una localidad. Pero un solo pozo era muy poco para abastecer a cientos de familias. Y si queremos cambiar las cosas el afán se incrementa. Ryan creó una fundación. Gracias a los donativos se construyeron casi novecientos pozos de agua potable. Ayudó a más de ochocientas mil personas.

La historia no termina aquí. En una aldea vivía un niño llamado Jaime que gracias a Ryan consiguió tener un pozo cerca de su casa y apagar su sed. Desgraciadamente, un grupo guerrillero prendió fuego a la aldea y se llevaron a muchos niños como soldados, entre ellos al pequeño Jaime. Cuando la historia llegó a oídos de Ryan, habló con sus padres. Gracias a su generosidad Jaime hoy en día no es amigo de Ryan, sino su hermano. Gestionaron su adopción tras localizarlo.

Ahora Ryan Hreljac concede entrevistas y pronuncia conferencias y recorre el mundo con sus padres. Sabe que con la ayuda de quienes te rodean se puede luchar por algo más que por un pozo de agua. No hay edad para la solidaridad.

A veces uno sale del pozo por sí mismo; otras necesitamos ayuda para construir un puzle de mil piezas: lo importante es ponerlas sobre la mesa y perseverar.

El cambio es posible. Ryan pudo. Cuando te preocupe no alcanzar la meta que te has fijado, y en tu caso cuentas con la experiencia de los años, solo te faltan las ganas de Ryan. Y eso es mucho más tangible de lo que imaginas.

¿Pieza líder o pieza seguidora?

«Los líderes sobresalientes salen de su camino para potenciar la autoestima de su personal. Si las personas creen en sí mismas, es increíble lo que pueden lograr».

Sam Walton

Napoléon Hill es el padre de la ciencia del éxito. Siempre buscó la fórmula del triunfo. Creía que había unas cualidades comunes a los hombres poderosos. En 1908 tuvo la suerte de entrevistar al millonario magnate e industrial Andrew Carnegie. En su libro *Piense y hágase rico* nos habla de las piezas del puzle para conseguir el éxito. Todo logro tiene una idea y eso nos lleva a desearlo. Sin deseo no hay puzle.

Así damos el salto a las acciones, entonces se alcanzan las oportunidades. Saber aprovecharlas es una cualidad de líder. No es lo mismo suspirar por algo que subirnos al tren adecuado para viajar hacia el lugar donde vamos a recibirlo.

- Entrena tu mente.

  Nuestra mayor debilidad es la falta de confianza en nosotros mismos. Para ello debes pensar treinta minutos al día en *You can do it*: Tú puedes hacerlo. Eres valioso. Puedes escalar el Everest y puedes materializar el empleo de tus sueños. Deséalo.

- Traza un plan inmediato.

  No esperes que deje de llover para ir al cine. Puede que más tarde haya tormenta. Ponte en marcha.

- Escribe la acción y pega el salto.

- Rodéate de un equipo potente y cualificado. Para ser un buen líder debiste ser un buen seguidor. Aprender de otros es fundamental. No hay que ser un hombre carismático ni vulnerable ni saber más que ellos. Un buen líder es humilde y sabe que en todo camino, para armar un puzle, hay fracaso. Este es el paso previo para colocar la pieza en el agujero exacto.

Ya lo decía Quincy Adams: «Si tus acciones inspiran a los demás a soñar más, aprender más, hacer más y convertirse en más, entonces puedes considerarte un líder».

Napoleón Hill nos detalla las cualidades de un buen líder:

1. **Valor inquebrantable** basado en el conocimiento de sí mismo y de la propia ocupación. Todo seguidor desea seguir a una pieza de puzle segura. Yo añadiría que saber dar un buen apretón de manos caracteriza a un líder.

2. **Autocontrol.** A nadie le gusta ver a un líder bebiendo agua y derramándola por la mesa. Si calmas los nervios podrás calmar los de los demás.

3. **Un claro sentido de la justicia.** Sé justo con los demás y valorarán tu objetividad.

4. **Precisión en las decisiones.** Si tienes una pieza de puzle entre las manos y no sabes si va del derecho o del revés harás dudar a los otros. Toma la pieza y encájala bien; si te has equivocado, reconócelo. No es una falta, es una dosis de grandeza.

5. **Exactitud en los planes.** Sé como los ingenieros. Analiza todos los datos con un buen analista de Big Data, que coteja un sinfín de datos que parece que no tienen sentido y acaba segmentando a un público. No dejes todo en manos de la intuición o del azar. Un ingeniero es capaz de hablar del índice de mortalidad de una empresa para el siguiente año.

6. **El hábito de hacer más de lo que le corresponde.** Da ejemplo, no puedes obligar a tus seguidores a terminar el puzle en horas intempestivas cuando a ti se te cae el bolígrafo a las tres.

7. **Una personalidad agradable.** Ninguna persona desaliñada y descuidada puede llegar a ser un líder eficaz. Una vez un profesor de la Escuela Oficial de Negocios me dijo algo importante: «Cuando vayas a una entrevista de trabajo ponte guapo». Aunque parezca algo sin importancia, la tiene. Proyectas en el otro cierto poder y cierto respeto, fundamentales para dominar tus acciones.

8. **Simpatía y comprensión.** Estoy de acuerdo con Napoleón Hill. Creo que la dulzura y la sonrisa te harán un encantador de serpientes.

9. **Dominio del detalle.** Todo está en los detalles. Seamos observadores y dominaremos el mundo.

Clara Peeters fue una gran pintora flamenca. De hecho, es precursora de la pintura de bodegones del siglo XVI. Gracias a los pequeños detalles de sus cuadros vemos un sinfín de costumbres y cualidades de toda una época. La sociedad de inicios del Barroco consideraba a las mujeres como meros recursos. Aquellas que se atrevían a romper las reglas y convertirse en artistas relegaban sus obras a ser maravillosos cuadros anónimos. Clara Peeters prefirió ocultar su nombre en los mangos de los cuchillos que pintaba o en sus autorretratos en copas. Por los detalles conoceremos mejor a las personas que forman parte de nuestro equipo.

10. **Disposición a asumir toda la responsabilidad** del grupo. Si se pierde una pieza del puzle, no señales al otro. Habla en plural. Trabajar en equipo es una cualidad de líder.

11. **Cooperación.** El poder requiere de cooperación.

En mi caso, tengo cualidades de líder, pero me fallan muchas otras. Entre ellas, soy insegura. Las dudas me corroen, me provocan un estado de pánico, el sudor frío me recorre la espalda y el miedo escénico me controla.

Al igual que algunos líderes se muestran desde niños, otras personas, como es mi caso, exhibimos una naturaleza de seguidor. Mi potencial como iniciadora es brutal, es decir, soy la primera en proponer subirnos a la noria para ver la ciudad a vista de pájaro, pero cuando me he acomodado en la silla deseo bajarme y los que están esperando en la fila se desaniman. Traspaso el miedo cuando entro en pánico. Esto es un punto negativo para ser líder.

La presión y el estrés impiden mi dominio de la situación. Por tanto, los objetivos me los tengo que marcar a mí misma. Y dada mi personalidad perfeccionista son bastante altos. Voy a contar una anécdota que, aunque divertida, muestra el miedo escénico de mi personalidad.

Cuando tenía ocho años subimos, mi primo mayor y yo, a una atracción, el barco pirata. Me colocó en una punta y me animó a vivir nuevas emociones.

—¿Estás bien?

Mi melena, azotada por el viento, me golpeaba continuamente en la cara y hacía crecer mi terror. Me aferraba a la barra metálica con fuerza.

—Me quiero bajar —dije de forma pausada.

—Ahora no, tranquila. Agárrate a mí. Bien fuerte.

El viento me daba en las pestañas y se movían sin medida hasta dejarme sin articular palabra.

—Me estoy mareando.

—Si lo piensas será peor.

—Me quiero bajar.

—No hagas el ridículo. No se puede parar. Aguanta.

Esa frase me hizo desplegarme como una paloma mensajera y gritar como una posesa para que el dueño de la atracción me oyera.

—¡Paren esto o me caigo! —Parecía Mafalda: «Paren el mundo, que yo me bajo».

—Tranquila, niña —dijo el chico que manejaba la máquina.

—¡Paren, por favor! —gritaba como una loca, presa del pánico.

Mi primo comenzó a ponerse nervioso. Mis gritos se oían en todas las ferias, desde Villalba hasta Guadarrama.

La góndola paró en seco y yo me bajé sin mirar a nadie. Mi miedo había parado, me afiancé al suelo. No volví a subirme en ninguna atracción de feria.

¿Conseguí algo? Nada. Ocultar el miedo. Llevarlo a otro lado. No sirvió de nada. Conseguí no crecer. Generar una fobia que, como todas, solo se va cuando subes de nuevo a la atracción.

Si siempre dejas todo a la mitad o no terminas de experimentar la atracción no sabes dónde están tus límites.

▣▣▣

Estudias una cosa y acabas trabajando de otra. Esa es la historia de muchos. Esta es la historia de Alberto, 36 años.

Hemos quedado enfrente del restaurante De María, en la calle Félix Boix, de Madrid, en el centro bursátil y comercial. En hora punta los protagonistas, con corbata y tacones, se arremolinan en torno a las tiendas, restaurantes, oficinas y entidades bancarias. Los vehículos aparcan en doble fila sin impunidad porque los aparcacoches se encargan de evitar las multas.

Alberto llega tarde a la cita; no puede ser perfecto. Cruzamos la calzada mientras elegimos un lugar para cenar, uno pequeño, coqueto, con cocina casera y toques de postmodernidad. Nuestra cita es anticipada e imprevista porque dentro de tres semanas viaja a Filipinas.

—Os he reservado una mesa —dice el camarero, sonriente. Se nota que Alberto pasa mucho tiempo allí.

Nos sentamos y percibo cierto nerviosismo. Probablemente impone que te pongan una grabadora delante, aunque pronto olvidamos que nuestras palabras se perpetúan. Alberto empieza a ser él mismo, seguro, simpático, abierto y tan carismático que bailarían a su ritmo, hipnotizadas, todas las cobras de Egipto. Es un seductor innato, tiene madera de líder tipo 4, de los que nacen con ese potencial impregnado en su ADN.

No te desanimes, también se aprende a ser líder. Un 4 es lo mejor que te puede pasar si lo tienes como jefe porque guía tus pasos y no deja huella.

A Alberto, por suerte, no le dan miedo las atracciones de feria. Es más, le motivan. Lidera desde la distancia, sin presión. Es uno de esos chicos, Ingeniero Técnico de Obras Públicas, que soñaba con construir puentes hasta que el suyo propio se desmoronó.

Su trayectoria es intensa. En toda nuestra conversación veo a un vividor, en el buen sentido: se bebe la vida a tragos pequeños. Y, lo más importante, transmite pasión. No son los trabajos los que nos transforman, sino nosotros con los trabajos.

En la vida siempre hay que sacrificar algo. Alberto también fue un protagonista de *La ciudad de las estrellas - La La Land*. La vida es cuestión de elecciones. Uno empieza a notar que es dura, aunque infinitamente maravillosa. Hay pérdidas y ganancias. Las primeras vienen por azar. Accidentes, muertes, rupturas de pareja..., en definitiva, pérdidas dolorosas que marcan el resto de nuestra vida, compensamos a fuerza de ganancias. Y en esta bolsa podemos incluir viajes, independencia, madurez, carreras profesionales, amores, hijos, momentos con amigos, arte, cultura y sobre todo crecimiento personal. Según la inquietud de cada uno.

Por eso no debemos obsesionarnos con el trabajo, aunque sea fundamental para sentirnos completos. Evidentemente, necesitamos dinero para vivir, aunque ¿de qué vale ganar un montón si luego no tienes tiempo para disfrutarlo? Piénsalo por un momento. En mi caso prefiero ganar menos dinero y poder disfrutar mi día a día.

Frente a frente. Alberto y yo. Dos antagonistas. Líder y seguidor se baten en el cuadrilátero.

Los dos estamos de acuerdo en algo. Nos encantan los saquitos de miel con queso. Nos los sirven, aunque yo me acerco más a ellos que él, que desarrolla toda su vida laboral en pinceladas de sueños. Da golpes de teclado de máquina. Una y otra vez toca todas las teclas y no se equivoca. Peina canas, las detesta. Hoy se ha olvidado del Just For Men. El camarero sonríe y entra en la conversación; tienen la misma edad. Él también peina canas y las adora. Un claro ejemplo de la vida: lo que a uno le viene bien, al otro no.

Creo que el camino de la realización personal tiene que ver con superar la insatisfacción. Alberto dice que cada uno está hecho para vivir la vida que le dan. Con todas sus posibilidades. Lo ve día a día en sus clientes. Es asesor financiero y tiene casi doscientos cincuenta clientes.

«Imagina a uno de mis clientes, que vive bien con mil euros al mes: tiene todo lo que necesita con un sueldo *a priori* mínimo, pero si recibe un aumento hasta dos mil euros adaptará sus necesidades a ese nuevo salario, y si recibe tres mil ajustará sus gastos y ganancias a la nueva realidad. Si repentinamente su empresa quiebra o lo despiden no volverá a buscar un empleo en el que gane mil euros: no sabría vivir con esa cantidad. La conclusión es que cada uno vive aquello que se acostumbra a vivir. La vida te invita a ser flexible como el bambú, a adaptarte a las circunstancias. En la sociedad actual, en la que priman la precariedad y la rotación laboral, es muy difícil no hacerlo. Entonces te estarás preguntando: ¿me debo conformar con un salario precario? Grave error: tienes que ser camaleónico. Igual que has sido capaz de ascender tienes que ser capaz de prescindir de lo innecesario».

La mayoría de sus clientes entran en su despacho y le dicen:

—Quiero independencia financiera.

A lo mejor para ti es viajar a donde quieras; para otro es comprarse un automóvil. A Alberto se lo repiten día a día.

Su entorno más cercano no entiende cómo continúa sin cambiar de vehículo, un Seat Córdoba. Probablemente le pasa lo mismo que a mí, que no cambio por nada mi Peugeot 206 mientras siga funcionando como lo hace (y ya va camino de veinte años: cinco más y será retro).

¿De qué vale eso? Alberto prefiere irse de vacaciones quince días a visitar lugares exóticos, porque todo es cuestión de prioridades. Se puede comprar un vehículo nuevo y uno de categoría superior, sin duda, pero hay que mantenerlo.

> «¿Y si mañana me quedo sin trabajo, tengo que pagar la letra de ese vehículo e hipotecarme? Otra vez estamos hablando de vivir por encima de nuestras posibilidades. Es importante la hucha, el ahorro mental, para cuando surjan los inconvenientes».

Lo importante en el trabajo es planificarse. ¿Ya gano más? ¿Puedo asumir desembolsos y no vivir ahogado? Pues adelante. Entonces soy capaz de vivir mejor. Si tengo que descender un escalón en mis finanzas puedo seguir viviendo desahogadamente. Las posibilidades futuras tenlas en cuenta sin perder la cabeza con la situación estable que te permite el presente para no llegar a acaparar prescindibles. La vida es un juego de Lego. Y Alberto lo sabe: ha jugado desde niño con bloques de construcción.

En la banca, en el mundo de los artistas, en la construcción se pueden obtener beneficios y ganancias abundantes y rápidas, pero de la misma forma que llegan se pueden evaporar. De repente obtienes un premio internacional al mejor guion, se interesan las productoras por comprarte todo lo que escribes y tres años más tarde no vendes nada más. Ningún trabajo es seguro; o insistes o cambias de sector.

En la vida, cuanto más quieres, más insatisfecho estás. Hay que buscar siempre metas a corto plazo, que se cumplan, para seguir empeñados en caminar hasta la siguiente.

Si buscas sueños que no puedes alcanzar sentirás un vacío que no te permitirá disfrutar de los pequeños momentos. Si te centras en un objetivo sin comprobar cómo te sientes visualizándolo, vas a sentir que vas a sacrificar otras muchas cosas:

—Vacaciones

—Ver a tu pareja, familia, amigos...

—Echar horas innecesarias te hará estar de muy mal humor

—Pisar al compañero para suplirle en el puesto te dará taquicardia

—Estarás más frustrado

¿Y si el trabajo que buscas es la meta inalcanzable que más deseas y por la que estás dispuesto a sacrificarte?

Adelante. No te detengas. Ya lo dijo Walt Whitman, padre del verso libre. Su obra maestra es *Hojas de hierba*. A mí el poema que me llena de una energía inconmensurable es «No te detengas»:

> No dejes que termine el día sin haber crecido un poco,
> sin haber sido feliz, sin haber aumentado tus sueños.
> No te dejes vencer por el desaliento.

Quizás el trabajo sea uno de los elementos más satisfactorios de nuestras vidas, la llave maestra que abre la puerta de la autoestima. Pero manéjala con cuidado y engrásala todos los días.

Que nadie te juzgue. Si te sientes realizado echando horas, eres un trabajador incansable, no te sientas culpable: ese es tu camino. Elígelo no por causas ajenas a ti, sino porque de verdad te satisfaga levantarte cada mañana y dar lo mejor de ti. Recuerda que todo lo que hagas demuestra pasión. Puede que te canses, que comiences unos estudios y no los finalices, que llegues a la meta y tengas que volver a empezar... Haz siempre lo que te haga feliz sin dañar a nadie; viviendo, en definitiva.

Alberto empezó en 1999 los estudios de Ingeniería de Caminos. Durante un tiempo apostó impetuoso por convertir su sueño en realidad: construir, edificar, diseñar. Invirtió prácticamente un año de su vida en los estudios de Ingeniería.

Fue un estudiante modelo en los años de instituto, becado en Irlanda durante algunos veranos por sus meritorias calificaciones. Un niño que creció amando las construcciones de bloques de Lego o Tente y jugando a los Playmobil; construyendo diariamente un mundo de sueños. Actualmente los guarda en una bolsa precintada en una caja. Mente ingeniera.

Al igual que en los años de juego, Alberto ha puesto en funcionamiento procedimientos A, B y C; una mente analítica que puede desarrollar Big Data. Quiso ser arquitecto, pero a falta de creatividad se decidió por las obras públicas.

En una servilleta dibuja la sala donde estamos; la reproduce tal cual, con sus curvas, rectas y columnas. Sin embargo, sabe que es incapaz de crear algo inédito. Su memoria espacial le ayuda a construir y a fijarse en los detalles, como mi cambio de gafas. Es kinestésico.

Conocer nuestras carencias es otra gran herramienta útil para buscar el empleo adecuado.

La respuesta a mi pregunta: «¿Qué te hizo dejar Caminos?» la tiene clara. Sonríe. Bebe un poco de agua y respira. La gente no era como él esperaba. Le decepcionó el ambiente frío y distante. Los alumnos se mostraban soberbios y herméticos.

Alberto necesita un entorno más favorable, creado entre todos, en el que las personas puedan creer en sí mismas, colaboren con el resto y se desarrollen juntas profesionalmente.

En la mayoría de las ocasiones, un trabajo es mucho más que un trabajo. Es una sala de juegos en la que compartir risas, tareas, hablar en plural, frustrarse por las mismas cosas, tomar café mientras arreglas el mundo y quejarse un lunes porque esa semana tienes la agenda plena.

Ahora Alberto es asesor financiero, experto en planificación financiera. Estudia la planificación personal y profesional del cliente, y según sus objetivos le lleva un producto u otro. «Lo hago crecer en todos los sentidos». El cliente quiere comprarse una casa, acortar una hipoteca, adquirir muebles, hacer una obra. O quiere ahorrar para comprarse un automóvil, operarse la vista o los pechos. Algunos tienen objetivos a corto, medio o largo plazo.

«Tengo la suerte de saber adónde quiero llegar.» Alberto tiene diferentes perfiles de clientes. Aquellos que llama «ponedores de sellos» son los asalariados que buscan un trabajo rutinario de por vida con un horario fijo, fichar a las seis de la tarde y largarse a casa sin preocupaciones. Buscan un plan de pensiones y desconectar del futuro. Sin embargo, existen otros perfiles con más inquietudes, gente ambiciosa a la que le gustan los retos. Desafían un salario fijo y unas buenas condiciones para buscar la innovación, el cambio, el desarrollo profesional, arriesgando su economía personal o su bienestar emocional. Son los que ahora llamamos «emprendedores»: tienen una idea y quieren evolucionar.

Alberto quiere ganar dinero para alcanzar otros objetivos. En el futuro quiere ser empresario de otro tipo de negocios, apoyar a empresas emergentes, montar algo del sector de la restauración. Le gusta dirigir, relacionarse con la gente; es un soñador que trabaja para el día de mañana seguir creciendo. «Sabía que mi trabajo tenía que estar relacionado con la gente». Por eso, tras un año fallido de estudios, inició la carrera de Ingeniería de Obras Públicas. Alberto, hijo de un comercial de carpintería, ayudó durante algunos veranos a su padre en el negocio familiar. Sacrificó parte de sus días locos de adolescente para ganar dinero y aprendió a ganárselo sin el amparo de su padre. Comenzó un verano, por casualidad, a trabajar en una franquicia de McDonald´s con un horario libre para hacer lo que quisiera al salir del trabajo, en el que ganaba lo suficiente para cubrir sus gastos.

¿Sabes lo que más me gusta cuando le oigo hablar? Su flexibilidad, sus ganas de trabajar en cualquier sitio. Sonríe mientras me dice que todos los lugares en los que ha trabajado le han enseñado algo. Los empleos son una cuestión de actitud. Las emociones las exponemos nosotros y con ellas impregnamos los lugares donde estamos. «La persona que desprecia un empleo es la persona más ignorante del universo».

Busca la energía positiva necesaria para levantarte cada mañana y disfrutarla estés en el puesto que estés. No siembres tus domingos de amargura porque al día siguiente sea lunes. Al final de cada semana volverá a serlo; no puedes parar el tiempo, pero sí sembrarlo de entusiasmo, ánimo o risas y regálarselo a quienes te rodean.

Quizá te resulte chistoso, pero soy feliz cuando filtro en Excel; me parece uno de los programas más prácticos y misteriosos que hay. Diriges un mundo de números y letras de la A a la Z, de fórmulas, del azul al rojo. Es una sensación fantástica obtener resultados cuando insertas el símbolo =. Valora que puedes invertir el orden de los factores, que un menos puede ser un más, que tienes un empleo que te sustenta, que cambiará si lo intentas y que si no surge no pasa nada. Si estás desempleado convéncete de que es a corto plazo. Actúa de manera diferente a como has hecho hasta ahora. Eso sí: no emplees toda la energía en una sola labor.

Rafael Santandreu, psicólogo terapeuta, dice que los trabajos no deben minar a una persona. Muchas veces nos medimos por los errores que cometemos. Él nos recuerda que ningún trabajo es imprescindible. Si no estás a gusto y has llegado a la cumbre del aprendizaje, busca otro. Muévete. No te quejes todos los días. La pesadumbre se contagia, y al final amargarás al de al lado.

¿Tienes miedo? Enfréntate a él. Escúchalo. Deja que lo que más te aterra entre en ti. Asume tus temores. No te obligues a cambiar. Ámate. No te digas frases como: «Soy débil, nunca podré cambiar».

Recuerda que eres más fuerte de lo que crees. Con una sensibilidad extrema a las emociones, afrontar miedos o despegarse de ataduras se puede graduar, como un termostato. Bajar dos grados de intensidad te hará más feliz.

A veces no son los miedos internos lo que nos vuelven más vulnerables e inseguros, sino los líderes que tenemos a nuestro alrededor, que nos manejan a su antojo. Alberto sigue:

«La gente se cree a veces con la capacidad de juzgarte sin mirarse a sí misma. Eso sería un líder de tipo 2. Al contrario que al 4, se les ve venir. Tienen la capacidad de reprimir todos tus actos. Y no se dan cuenta de que si luchamos por ser un líder 4, obtendremos de nuestro equipo una mayor productividad. Un líder 2 te diría: "Eso no lo haces bien, trae, que te lo hago yo". Un líder 4 te diría: "Me gustó mucho lo que hiciste ayer, quizá se pueda mejorar. Tú vas a poder"».

Alberto, mientras pide un plato de secreto ibérico —se nota que hoy tiene hambre, ha sido un día duro en la oficina—, me dice que le gusta su trabajo porque él mismo elige sus objetivos, le permiten ascender si lo desea, pero su mánager no le impone un progreso ascendente. Si produce más ganará más que el compañero que está a su lado, pero solo depende de él. Generar competencia es fomentar actividad, muy en contra de aquellos que opinan que la competencia es insolidaria y abrupta. Tener competencia siempre ayuda a optimizar procesos, a ser más eficientes, a marcarse objetivos y plazos; en definitiva, a adaptarnos al mercado, que cada día es más multilateral y está en continua evolución.

Me gusta escucharle. En la mayoría de las empresas se funciona de otra forma. Los empleados de la misma categoría perciben el mismo salario; cuando se produce el incremento anual todos perciben lo mismo, pero obviamente sabemos que no todos trabajan de forma exhaustiva ni son tan prolíficos.

En McDonald´s Alberto empezó como parte del equipo preparando hamburguesas en la cocina, después las servía en cajas y terminó dirigiendo equipos como encargado. Cuando lo escucho veo en él a una persona entusiasta a la que le gusta aprender cada día de cualquier cosa. Seguro que él también se excita filtrando en Excel.

«Si el día de mañana me falta trabajo, volveré a trabajar en McDonald´s, o de peón, cartero, barrendero…, de lo que sea. Y sé que no me estancaré. Siempre me moveré para ascender. Sin pisar a nadie. La mayoría somos capaces de trabajar en cualquier lugar y no lo sabemos. Si yo quiero que tú trabajes conmigo calculando estructuras, ten por seguro que te voy a enseñar. Y dependerá de ti si quieres aprender. ¿Cómo te enseño? Vente conmigo, que te voy a enseñar

Cype y al cabo de un mes y medio vas a hacer estructuras. Quizás lo aprendas de forma mecánica, pero sacarás el trabajo. Te voy a enseñar parámetros para que hagas lo mismo que yo. Cualquier labor se puede aprender».

Todo es ACTITUD, GANAS y PASIÓN.

«¿Qué me apasiona?», habría que preguntarse antes de empezar a echar currículos.

Alberto no lo tuvo fácil. Tras la reforma laboral del año 2012 su empresa lo echó. Desempeñaba un buen trabajo como técnico en obras públicas con una vida cómoda. Amparada en la ley, la empresa decidió formular despidos por baja productividad; desfilaron uno a uno todos los empleados, desde los más recientes a lo más antiguos.

> «En esos momentos tu cabeza está en plena ebullición, recuerdas una a una todas las inspecciones técnicas de puentes, estructuras, edificios que has hecho durante largas noches. Las empresas, en un entorno de crisis como el vivido después del año 2008 comenzaron a despedir con una indemnización de veinte días por año trabajado; una verdadera injusticia tras años de esfuerzo».

Alberto lo había dado todo por la empresa, pero esta lo tiró como un pañuelo desechable a la papelera. Por eso digo que no es bueno centrarse cien por cien en algo. Pero tampoco puedes pasar de puntillas por la vida. Eso te vacía.

> «Si pasara de nuevo, sé que daría todo. La empresa te paga y tú se lo devuelves con tu trabajo. Si la empresa va bien, te irá bien a ti. Y si va mal, te irá mal. Hay derechos y obligaciones por ambas partes: empresario y empleado».

Necesitas un empleo y te dedicas diligentemente a ello. Sientes que has tirado la vida por la ventana cuando recibes la carta de despido. Has dado todo por un gran amor y esa persona te ha dado de lado. No parece que haya valorado ninguno de tus detalles. Has sido puntual en tus citas, le has llevado pasteles por su cumpleaños, le has regalado horas de más porque entendías que era una relación seria. Es difícil, pero hay que reponerse y curarse las heridas.

En el caso de Alberto estaba claro: se trataba de confiar de nuevo en el esfuerzo sabiendo que su objetivo estaba dirigido a las personas.

Quizás en otro caso lo mejor sería esperar unos meses; sin embargo, es muy importante buscar ocupación cuanto antes, de lo que te salga. El trabajo llama al trabajo, justo lo que le pasó. En enero comenzó a hacer un curso de posgrado porque Alberto necesitaba estudiar o trabajar para no quedarse parado en casa mirando la pantalla de un ordenador.

Al mismo tiempo, una amiga que trabaja en Mary Kay le ofreció la oportunidad de obtener ingresos vendiendo productos de belleza de alta calidad y fáciles de vender en el mercado. Un sector muy alejado del suyo, ¿qué importa eso? Su casa recién comprada se llenó pronto de frascos, botecitos y envases. «A las mujeres les encantan los cacharritos, y yo llevaba el *kit* para hacerlas felices».

La frase de cabecera de Mary Kay era la siguiente: «Dicen que si amas lo que haces ni siquiera te parecerá que estás trabajando». Y eso es lo que sintió Alberto: vendió tantos productos de belleza que se convirtió en el consultor del año, rápido paso a ponerse la cazadora roja, distinción de vendedor nato. Las reuniones internacionales coparon su agenda y el wasap se bloqueaba con fotos con un montón de chicas brindando por los nuevos éxitos.

«Es un trabajo muy americano; subes pronto a líder de equipo y todos te aplauden. Llegan las chapas, las cazadoras rojas, los sorteos, los premios, los viajes. Todo se incentiva a base de escaladas. Siempre pensaba "algo sacaré de aquí"».

Alberto solo piensa en crecer y aprender, todo le apasiona. Nunca hubiera pensado que un experto en obras públicas sería feliz entre sombras de ojos y correctores. Y es que de nuevo se me olvidó que hay que serlo en cualquier faceta de la vida.

«Todo el mundo espera de nosotros que terminemos la carrera, entremos de becarios en una empresa, promocionemos, nos casemos, tengamos hijos. Pero hay otras formas de ser feliz y yo luché por ello».

Me viene a la mente la película *Pollyanna*. Una niña llega a un pueblo en el que sus habitantes viven con tristeza el día a día y los colma de alegría. Si aprendes a afrontar tus problemas con una sonrisa, efectivamente, no desaparecen, pero alivias el alma. Si te han despedido, no te preocupes, ocúpate de buscar una nueva oportunidad en un mejor puesto de trabajo. Eso muchos los han llamado «el síndrome de Pollyanna». Seguro que algún amigo cercano tiene esa personalidad. No puedes martillearte con el mismo discurso de perdedor diariamente; debes darte licencias. Alberto atrajo la confianza de la gente y actualmente la de los pequeños inversores.

«Lo importante es generar confianza en las demás personas. Nunca sabes dónde va a saltar nuestra oportunidad. Lo que me encanta de mi trabajo es que no exijo obligaciones ni voy a perseguirte como un perro. En tu mano está la elección».

Si estás estancado, lárgate a otra ciudad. Alberto lo hizo por un tiempo. Se fue a Edimburgo en plena crisis existencial y laboral. Empezó como *kitchen porter*, lo que conocemos por friegaplatos. Y gracias a su experiencia en McDonald´s se convirtió en el que mejor limpiaba la cocina. Los chefs lo contrataron pagándole horas extras para desempeñar las mejores labores. Se ganó a la gente. La directora del hotel le guardaba cada mañana una manzana, pero no la de Apple.

«Recuerdo que tenía una ristra de cacerolas para fregar. Estaba feliz. Una gran pantalla de televisor donde veía dos o tres capítulos de la serie *Friends* y hacía mi trabajo dejando pulcra cada una de esas cacerolas. Guardo un recuerdo maravilloso. Todo lo que soy se lo debo a cada uno de mis trabajos».

La pieza polizón

«Un viaje de mil millas ha de empezar con un solo paso».
Lao Tzu

Muchas familias deciden que sus hijos tengan una experiencia extraordinaria estudiando un mes o dos en el extranjero. De esta manera aportan a sus vidas tres ingredientes nuevos:

—Desmarcarse de casa, dejar los pañales para convivir con otras personas. En definitiva, abres tu mente.

—Tomar el pulso a un nuevo idioma, normalmente el inglés.

—Conocer la cultura de otro país. Creces y enriqueces.

En mi caso no viví esta experiencia, de lo cual me arrepiento mucho. Años más tarde he conocido muchos países, he visitado sitios recónditos; sin embargo, me faltó desunirme del seno materno a la edad de quince años y vivir con algún señor Williams en una casa de campo al norte de Inglaterra. Tuve la oportunidad de hacerlo, pero el miedo estuvo de mi parte de nuevo.

Hace unas semanas visité la exposición de Chema Madoz, un creador e ingeniero de la fotografía, con unas amigas. Con su cámara y su arte nos hace reflexionar y descifrar el mundo real desde otra perspectiva.

Para los que no lo conozcáis, es uno de los mejores fotógrafos españoles, un creador de piezas de puzle. Sabe como nadie jugar con objetos de la realidad y mezclarlos dejándote estupefacta. Su fotografía es pura poesía. Me detuve ante una de las obras en la que había unos tapetes de ganchillo sobre la arena de la playa. Parecía la espuma misma del mar Cantábrico. Chema Madoz es el viajero inmóvil, quizá como yo a los quince años, que viajaba con la mente sin moverme del sitio.

Cuando mis amigas y yo salimos a cenar elegimos un bar abarrotado de gente. Era jueves. Yo diría que es el día del descanso del guerrero, porque todos salimos a celebrar que al día siguiente es viernes y que queda menos para relajarse. Todos soñamos con los viernes, que siempre se hacen esperar. Nos sentamos en aquel local y salió el tema de la crisis actual. Ellas no entienden cómo hay personas que siguen negándose a vivir una experiencia en el extranjero. Mis amigas lo hicieron con diecisiete años y afirman que es lo mejor que les pasó.

«Nunca había visto a un tipo con la edad de mi padre lleno de tatuajes y con una oreja agujereada —relata una de ellas—. No quedaba piel donde poner otro tatuaje. Yo venía de una ciudad pequeña, allí era todo distinto. Apenas veíamos extranjeros. La gente era uniforme. La primera vez que comí con mi nueva familia me pusieron unos huevos fritos que desprendían un olor muy fuerte. Quisieron agasajarme con algo similar a lo que comemos en nuestro país. Pregunté qué les habían puesto encima y me contestaron que sesos. Desde ese momento supe que mi vida no iba a ser la misma. Les regalé una botella de vino. La mujer de la casa la abrió y la bebió a morro. Los comienzos fueron duros, pero a medida que pasaron los días sentía que estaba viviendo otra cultura y que eso me enriquecería».

A medida que hablan, observo que las experiencias son muy parecidas entre ellas. Mi otra amiga pasó una temporada en Kansas, donde vivió durante un mes una vida sencilla, como Dorothy en *El mago de Oz*.

«Cuando llegué, todo me sorprendió. Me di cuenta de que es la tierra de las oportunidades. Una persona puede llegar hasta lo más alto sin necesidad de contactos, aunque parezca un tópico. Me chocaba por otro lado ver que en las series americanas, cuando reflejan los institutos, tienen muy poca imaginación. Eran exactamente igual que en las películas: el que pertenece a la banda, el guaperas, el friki de los hierros torcidos y gafas con esparadrapo. Nada cambiaba. Entré en una familia y el primer día me llevaron a rezar a una iglesia baptista. Fue un choque de experiencias, todas positivas».

Todo es duro en la adolescencia, pero quizás es muy diferente cuando ya de adultos nos toca vivir una experiencia en el extranjero para buscar nuevas oportunidades.

En 2016 el porcentaje de personas que se marcharon al extranjero a consecuencia de no encontrar trabajo fue del 54 %, según datos del Número de Identidad de Extranjero (NIE). El número de españoles residentes en el extranjero ha vuelto a crecer con respecto a ese año, esta vez un 5,6 % anual, según los datos del Padrón de Españoles Residentes en el Extranjero (PERE). Ya hay 2.305.030 españoles por el mundo, el número de expatriados más alto desde 2008, cuando el Instituto Nacional de Estadística (INE) comenzó a trabajar con estos datos. Esta cifra supone un incremento de 121.987 personas respecto al año anterior.

Durante los últimos años miles de jóvenes no encuentran trabajo en España y se tienen que largar a buscarse la vida. Pero, como todo, tiene su parte blanca y su parte negra.

A Ana le pasó igual. Después de trabajar como teleoperadora en la banca telefónica y haberse recorrido la mitad de las entidades financieras del país contratada por una Empresa de Trabajo Temporal (ETT) decidió buscar trabajo en el extranjero.

> «Estaba visto que en Madrid, con la competencia que había, y a pesar de tener formación e idiomas, me resultaba imposible conseguir algo con cierta estabilidad, un sueldo aceptable y en una empresa que me aportara un poquito de motivación. ¿Tampoco pedía tanto, no?».

Empezó buscando en Alemania, ya que había estudiado allí dos años. Primero como Erasmus, y luego para realizar un posgrado. Pero a las pocas semanas de empezar a mirar ofertas apareció en el dominical (las páginas salmón de toda la vida que ahora se han visto reducidas a su mínima expresión) un anuncio de Mercedes Benz para trabajar en Holanda.

Ana, sorprendida, hizo volar las hojas color salmón por todo el salón. ¡Una empresa internacional como Mercedes Benz buscaba empleados en el centro de atención al cliente para toda Europa!

Le gustó la idea. Ana se visualizó respirando aire puro, montando en bicicleta, sentándose los días de sol en un parque y, por qué no, en una compañía multinacional con posibilidades de ascenso, un salario atractivo y un país que descubrir. Algo que en España le estaba resultando imposible de conseguir.

Envió inmediatamente el currículo con muchísima ilusión. A las pocas semanas la llamaron para las pruebas: dinámica de grupo, prueba escrita psicotécnica, redacción, entrevista personal en inglés... Se preguntaba si eran pruebas para la NASA o para Mercedes Benz en la vorágine de la selección. De hecho, salió de allí con poca esperanza por el alto nivel que exigían en todas las entrevistas. De nuevo la inseguridad haciendo de las suyas.

A los siete días recibió una llamada de felicitación: había pasado la yincana y contaban con ella para incorporarse en Maastricht el día 3 de enero. Todo fluía, nada se paraba. En Holanda se movían los puestos de trabajo como canicas rodando cuesta abajo, un panorama laboral muy diferente al que existía en España. Le comunicaron que en un solo día recibiría la documentación necesaria para iniciar la relación laboral. Efectivamente, dicho y hecho; por fin Ana encontraba una empresa seria.

En el mes de enero llegó a Holanda con una sensación térmica gélida con un grupo de otros cinco españoles y cinco italianos. Recibieron un curso de formación de tres semanas que les permitió adaptarse al lugar del trabajo y a la ciudad de forma confortable.

«Estaba contenta. Había conseguido un trabajo que me gustaba, un ambiente inmejorable, gente joven de toda Europa trabajando junta, un buen horario, de nueve a cinco (esto es Europa, señores) y un sueldo digno. Dos años estuve allí, a gusto, muy a gusto, la verdad. Aproveché para viajar por ese país maravilloso y los países vecinos, Bélgica y Alemania. Vivir en el centro de Europa era una gozada para escapadas de fin de semana. Gracias a mi estancia creo que ningún amigo ni familiar mío puede decir que no conoce Ámsterdam o Brujas. Algunos llegaron a ir ocho veces en un año».

Puedo dar fe de ello, nunca había tomado un avión sola y me apetecía vivir una experiencia con Ana y ver lo que se movía en Europa. Un día me desperté y me fui a la agencia de viajes. Le dije a la primera persona que vi detrás del mostrador:

—Un avión directo a Maastricht.

La persona al otro lado me recibió con cara de sorpresa.

—Disculpe, no hay vuelo directo. Debería tomar un avión primero a Ámsterdam y luego un tren a Maastricht.

—Si usted lo dice, a por ello.

Ana no daba crédito. Por aquel entonces mi nivel de inglés era muy inferior. Todavía recuerdo la palabra que me hizo llegar a Maastricht: *schedule*. Necesitaba saber los horarios de los trenes, y gracias a conocer esta palabra me los dieron. Tardé en llegar unas tres horas y media. Allí me recibió todo Maastricht. Recuerdo días de bullicio y visitar lugares maravillosos como Gante, Brujas... El carnaval de Maastricht es uno de los acontecimientos más famosos del centro de Europa. Vivíamos en una casa abuhardillada. Bebíamos algo de cerveza, comíamos en la calle, disfrutábamos de la arena de su playa artificial. Conocí el mundo de Ana y su felicidad por trabajar en otro país.

Tengo que decir que la vuelta fue más tortuosa. No solo porque dejaba miles de experiencias y a una gran amiga, sino porque tuve la maravillosa idea de echar una cabezadita en el asiento. Cuando desperté, en el vagón no había nadie. Mi avión despegaba para Madrid mientras yo corría por los andenes chapurreando inglés gritando y llamando a Ana, que todavía andaba en la oficina y estaba realmente asustada. Había llegado a Utrecht. Gracias a mi cara de susto y sus consejos en inglés logré embarcar en Ámsterdam a la hora justa.

El inglés es un gato dormido hasta que le pisas la cola y se levanta como un tigre de bengala. En el momento necesario, el cerebro se abre para dar paso a una oleada de inglés chapurreado inconscientemente que te abre las puertas de un interlocutor holandés.

Hace meses leí una noticia muy interesante sobre las nuevas herramientas que se van a crear para traducir en tiempo real. Además de Google Translate, existe una variedad de *apps* móviles de traducción, la mayoría de las cuales no son muy buenas. Dentro de unos meses se lanzarán dos nuevos dispositivos que serán capaces de traducir simultáneamente cualquier conversación.

Travis the Translator, un pequeño aparato capaz de traducir —según sus creadores— a ochenta idiomas. Basta con pulsar un botón y dictarle la palabra o frase que deseas comunicar en otra lengua. Es compatible con auriculares a través de *minijack* y de una conexión *bluetooth*. La batería aguanta hasta doce horas, y lo mejor es que también funciona *offline*.

Otro dispositivo que ha generado mucha expectación es **Pilot**, un pequeño auricular inalámbrico capaz de traducir inglés, español, francés, portugués e italiano. Ha sido desarrollado por una empresa emergente norteamericana llamada Waverley Labs y el año pasado recaudó casi cuatro millones y medio de dólares a través de una campaña de *crowdfunding* en Indiegogo, un 3,177 % más de lo que pedían.

Una pena no haber conocido estos *gadgets* cuando me perdí en el tren. Ana no tenía ese problema, había estudiado inglés y alemán.

«Muy contenta esos dos años, pero no deja de ser Holanda. No es tu país. Y aunque al final formáramos un grupo que era como una familia no dejas de sentirte lejos de los tuyos, por lo que un día te planteas qué hacer. Y en mi caso llegó el momento de volver a casa. Feliz por todo lo que viví y lo que me aportó haber trabajado en otro país. Sin lugar a dudas, vivir en el extranjero es una experiencia irrepetible. Pero no es fácil. Hay pros y contras. En muchas ocasiones las oportunidades que te ofrecen superan a los aspectos negativos».

Mark Twain dijo que viajar es un ejercicio con consecuencias fatales para los prejuicios, la intolerancia y la estrechez de mente. Razón no le faltaba, porque quien viaja conoce mundo y se enriquece culturalmente. La gente que no ha salido de un recinto de treinta y dos metros cúbicos siempre asume pensamientos trasnochados. El que viaja se topa con una y mil experiencias diarias. A veces te escupen a los pies, otras veces pierdes la maleta y tienes que sacar agallas de donde las haya. A una amiga mía, como a tantos otros, le sucedió que apareció en la Capadocia sin bragas ni cepillo de dientes. Me sigo quitando el sombrero cada vez que la veo. Si pasas por eso sin perder la sonrisa llegarás adonde tú quieras. Ver tu país desde lo alto, con objetividad, solo se consigue viajando.

Marta vivó una gran experiencia en Escocia. Licenciada en Derecho, tenía muchas oportunidades en nuestro país. Disponía de cierta experiencia laboral en una consultoría y un posgrado especializado recién terminado. Se enfrentó a multitud de entrevistas para puestos muy interesantes en numerosas empresas y su escollo siempre fue el mismo: el nivel de inglés, de alumna de COU, aunque estudió en academias puntuales y algún curso durante la carrera universitaria. Decidió irse a vivir a Reino Unido a mejorar el dichoso inglés. El destino elegido fue Dundee, Escocia. Para sufragar los gastos trabajaría y estudiaría, como la mayoría de las personas que deciden aprender inglés en países angloparlantes. Marta comenzó a buscar un trabajo con el que disponer del mayor tiempo posible para combinarlo con las clases de inglés a tiempo completo en un *college*. Su nivel del idioma era tan bajo que no tenía muchas aspiraciones de conseguir un puesto de trabajo a la altura de sus estudios. Así que se apuntó en un *Job Centre*, nuestras oficinas del INEM en Escocia. En este caso no hace falta que te añadan a una lista de personas que buscan empleo, solo consultas en unos ordenadores las ofertas de trabajo que hay, de todo tipo. Marta buscaba empleos como camarera, como limpiaplatos, de lo que fuera. En estas máquinas se imprimía la oferta con los datos del empleador, tipo de contrato, salario... El interesado entraba en contacto directamente con la empresa. En estos Job Centres también podías ser atendido en mesa para que ellos te ayudaran con la búsqueda. Es una buena opción, pero debes tener un nivel de inglés avanzado porque, si no, no entenderás nada. De estos centros se obtenían varias ofertas y con la información ya en casa Marta llamaba tranquilamente por teléfono preparándose bien las preguntas. Pero surgía un problema: no entendía lo que su interlocutor le decía. Al final debía colgar mientras suspiraba un *bye*. También estuvo muy atenta a los típicos anuncios de «se necesita», *staff wanted*. En cuanto veía uno colgado de un escaparate entraba en el establecimiento con su frase preparada. Normalmente te daban un papel llamado *application form*, un documento que te acompaña en cada gestión que se hace en el Reino Unido. Es sencillamente una solicitud. Recogía muchas, las rellenaba y las entregaba. Jamás la llamaron. Otra fuente de ofertas, nos cuenta Marta, eran los tablones de anuncios que había en el *college*, pero tenía el mismo problema que antes: cuando llamaba no entendía nada; ni condiciones, ni funciones, ni tan siquiera el lugar donde quedar para hacer una posible entrevista. Así que esta vía no le funcionaba.

Con el paso del tiempo, los compañeros de clase de Marta encontraron algún trabajo, sobre todo a través de la agencia de trabajo temporal Manpower. Después de tres meses y con el oído más adaptado se presentó en la agencia. El tipo de trabajo era igual al que había aspirado en tantas ocasiones, con un final diferente. A los pocos días recibió una llamada para el que se convertiría en su primer trabajo. A partir de entonces trabajó habitualmente (sustituciones de camarero, limpieza en hoteles...). Tras acceder al mercado laboral aumentó su confianza en las entrevistas, practicó más el idioma en situaciones diferentes. Comenzó a trabajar en marzo y desde entonces no le faltaron las oportunidades. Probablemente con el tiempo hubiera buscado un empleo con un perfil más ajustado a sus estudios, pero tuvo oportunidad de regresar a España y así lo hizo. A su vuelta Marta consiguió trabajo por el valor que adquirió con su alto nivel de inglés. El boca a boca con un sustento como el inglés se vuelve tu arma arrojadiza. Tras un par de años en España surgió la idea de utilizar un innovador y tecnológico vehículo personal llamado *segway* para organizar rutas turísticas por Madrid. Sin duda, una experiencia que se encuadra dentro de lo que ahora conocemos como «emprendedores». El primer paso para valorar si era viable esta idea era saber si existía ya una empresa como la que tenía Marta y su socio en proyecto. Solo estaba implantado en Barcelona. A partir de ahí, después de mucho esfuerzo, dificultades, trabas municipales y administrativas frustrantes e ilusión lograron echar a rodar la empresa con muy buenos resultados.

Fue la primera empresa de *segway* instalada en la ciudad de Madrid. Más de un millón y medio de turistas rodaban por la ciudad de la mano de Marta.

7

El puzle de las ocho piezas

«No tenemos una única inteligencia».

Howard Gardner

La primera vez que oí hablar de Gardner me encontraba trabajando en una librería. Más adelante os contaré cómo caí entre libros. Creo que todos tenemos un destino que podemos manejar a nuestro antojo, y yo tenía el mío escrito. Recuerdo que era domingo (es importante recalcar esto). Ese día venían los compradores. Los días entre semana entraban los curiosos, los que se agazapan en el libro, solo van allí a sentarse en un sillón y leer algunas páginas de libros eróticos.

Ese día entró una señora bien vestida, agitada, y me dijo:

—Busco a Gardner, el de las inteligencias múltiples.

—Venga por el *stand* de psicología.

—Esta noche ceno con él. Faltaba un invitado en la mesa y una amiga me ha dicho que me anime.

Me di cuenta de que su mundo y el mío estaban muy alejados. No podía imaginar cenar con Freud o con el mismísimo Jung. Y aquella mujer iba a tener una cena de lo más interesante con Gardner. No el hermano de Ava, sino uno de los investigadores científicos más conocidos en el sector del análisis de las capacidades cognitivas por formular la teoría de las inteligencias múltiples, una de las razones de ser acreedor del premio Príncipe de Asturias de Ciencias Sociales. La teoría de Gardner habla de ocho inteligencias:

Inteligencia lingüística

Podemos dominar el mundo a través del lenguaje. No solo hace referencia a la habilidad para la comunicación oral, sino a otras formas de comunicarse, a la comunicación no verbal, la gestualidad. En las dinámicas de grupo de las entrevistas, si tienes esta inteligencia desarrollada y la dominas según los tiempos, midiendo no destacar demasiado y controlando que el personal no se canse de tus comentarios, serás el elegido.

Inteligencia lógico-matemática

Si solo existiera esta, os puedo decir que no tendría capacidad para sobrevivir en este mundo. ¿Os acordáis de los tests del colegio? Una psicopedagoga entraba en clase con cara de pocos amigos, te daba un test lleno de números y círculos y tú tenías que contestar en menos de una hora. Recuerdo que semanas después nos daba los datos. La ansiedad era una barra morada que siempre salía disparada. En la siguiente inteligencia que vamos a mencionar yo hacía saltar todas las alarmas.

Inteligencia espacial

Son los llamados «detallistas». En el espacio imaginan los diferentes objetos con sus perspectivas. No dejan ningún punto de fuga al azar. Muchas de las profesiones creativas, como escritores o fotógrafos, la tienen. En el colegio nunca se valoró, la inteligencia lógico-matemática por tradición ha sido siempre la más destacada. Ahora me pregunto por qué dominar una integral cuando uno puede ser igual de feliz con talento artístico.

Inteligencia musical
Las personas que sobresalen en el arte de la música, modulan con su voz, componen o interpretan entre corcheas o pentagramas también poseen el don de conocer muy bien los números. Las integrales llevan música.

Inteligencia corporal y cinestésica
Su cuerpo es pura arcilla. Son especialmente brillantes en este tipo de inteligencia los bailarines, deportistas, cirujanos y creadores plásticos, pues todos ellos tienen que emplear de manera racional sus habilidades físicas.

Inteligencia intrapersonal
Son grandes conocedores de sí mismos. Colocan todas las piezas del puzle sobre la mesa y averiguan por qué una de ellas está desdentada.

Inteligencia interpersonal
Es una de las más importantes. Es lo que llamamos la inteligencia emocional con el otro. De un gesto descubres algo que nadie ve. Va más allá de la pura intuición. Muchos de los psicólogos y algunos tiradores de cartas lo tienen.

Inteligencia naturalista

Esta es la de la supervivencia humana relacionada con los aspectos de la naturaleza del hombre.

Obviamente, tenemos algo de todas las inteligencias. Para algunos pesarán unas más que otras; para otros, probablemente ninguna sea visible. Pese a esto os aseguro que aquello que deseéis será alcanzable, porque en la vida todo es producto del entrenamiento. Si no trabajamos las inteligencias, se mueren. Para buscar empleo debemos sacar nuestro máximo potencial, escuchar las inteligencias que llevamos dentro.

Te animo a seguir estos consejos que te ayudarán a florecer lo mejor que hay en ti:

- **Escucha tu interior.** No pienses continuamente en el año que suspendiste la asignatura de lógica y fuiste la única de la clase. Refuerza tus puntos fuertes.
- **Identifica tu mejor inteligencia.** Ámate mucho. Pruébate en lugares que no habías pisado antes. Te vas a sorprender de inteligencias que viven en ti y que desconocías.
- **No te evalúes en una prueba única.** Tienes toda una vida. Sigo sin encontrar la pieza de mi puzle y ni buscándola en los lugares más insospechados aparece. Hoy he preguntado al portero, quizá la tiré a la basura o viajaba oculta en la bolsa. Me dice que hoy no ha sacado los cubos. Mi bolsa sigue dentro. La abro y arrojo todo al suelo: cáscaras de plátano, restos de comida, y ni rastro de mi pieza.

A mi alrededor tengo a *La Clac*, ese grupo de palmeros que te jalea viendo positividad cuando tú no ves ni la luz del sol.

¡Cómo detesto los consejos prefabricados! Y más cuando estoy derrotada. Esos que se ponen con lazo de organza y llegan a tu casa envueltos en palabrerías: «Encontrarás la pieza, ya lo verás. No buscas lo suficiente»; «quizá si pones un anuncio, puede que la pieza te encuentre a ti»; «ahora no es buen momento para encontrar piezas. Anda todo el mundo igual».

Todo el mundo intenta armar tu puzle. Te dicen más o menos lo mismo: «Echa todas las piezas sobre una mesa y sepáralas por colores. Busca el marco donde encuadrarlas. Relájate, todo lleva su tiempo. Si hay mucho cielo o mucho suelo déjalo para el final. Busca los elementos que sean obvios. Sepáralas por bordes. Por un lado, las que tengan tres salidas, por otro las que tengan cuatro entradas». Leo en algunos foros que toda esta división facilita la sistematización de pruebas de piezas en determinados puntos.

A mí lo de los demás no me vale. Tengo que encontrar mi lugar, mi sitio laboral. Y a medida que va pasando el tiempo y formo parte de las filas del INEM mi ansiedad va creciendo.

Casi todos los anuncios de trabajo que veo dicen más o menos lo mismo. A veces palabras que ni entiendes, de modo que aunque te pusieras a profesionalizarte no cubrirías las expectativas. La mayoría de los puestos de trabajo insisten en que sepas hacer el pino puente.

«La empresa está en búsqueda activa de talento».

Tú te sientes como piden: talentosa. Te relames como el perro de Pávlov. Has encontrado el hueso que buscabas en el jardín. Mueves el rabo y sigues escarbando. Sigues leyendo:

«Para trabajar con nosotros deberás reunir una serie de requisitos que demuestren tu excelencia y te hagan destacar:

REQUISITOS PARA PARTICIPAR EN EL PROCESO DE SELECCIÓN

1. Grabar un vídeo de entre 15 y 20 segundos (no leeremos currículos sin vídeo). En ese tiempo, deberás convencernos de por qué tú eres el candidato ideal. ¿Te atreves?

2. Hacérnoslo llegar a través de cualquiera de estas vías: correo electrónico, Instagram, Twitter, YouTube, etiquetándonos con nuestra cuenta.

3. Enviarnos tu currículo y enlace al vídeo».

Tienes ganas de mandar tu currículo, pero no te lo están poniendo fácil.

Con maquillaje te intentas tapar las ojeras. Eliges del armario algo que sea elegante, pero no como cuando fuiste a la boda de tu amiga Rebeca. El traje de raya diplomática está apolillado, dicen que ya no es tendencia. Optas por un pantalón sencillo con una camisa sin rayas, porque las rayas en cámara marean. Colocas el móvil en el palo selfi que compraste en tu viaje a Tailandia y sonríes.

«Hola, amigos, os mando mi C.V, mi experiencia es dilatada. He trabajado durante años en vuestro sector».
(...)

Reproduces el vídeo y oyes una voz que no es la misma que tienes interiorizada. Te suena diferente e incluso te ves muy insegura. Llevas en pantalla menos de cinco segundos hablando y no has dicho nada interesante. El pelo se ha electrizado con la moqueta del suelo. No ha sido buena idea. Bajas al jardín, que para eso pagas la cuota de la comunidad. Te pones delante del cactus muy natural, como eres tú. Hace bastante frío, pero luces como un árbol de Navidad recién puesto; ves desfilar a los vecinos y tienes que cortar varias veces. La luz natural se ha ido, mañana continuarás. Y seguro que se habrán lanzado cuatrocientos parados como tú, que han visto el mismo anuncio.

Te dejo unos consejos que he puesto en práctica en entrevistas en las que me han seleccionado gracias a un videocurrículo.

Escribe un buen guion

Si no sabes hacerlo, te recomendaría un curso de guion: es de los más instructivos que he hecho en mi vida. Aprendes a sintetizar los textos, lo cual es muy importante si no eres concisa, como me ocurre a mí.

Sé tú mismo

Igual que para hacer el camino de Santiago no estrenas zapatillas, o si te casas no te gusta que se note que llevas un maquillaje artificial, no seas recargado. Sé conciso y claro. En la brevedad no se lucen las equivocaciones.

Comienza con una anécdota simpática o una frase potente de algún referente tuyo

Tienes poco tiempo para enganchar, así que cautiva.

Estudia a la empresa

No es lo mismo que te presentes a una empresa de rancio abolengo que mandes un currículo a una empresa pequeña cuya web tiene colores alegres y percibes que es creativa.

Edita el vídeo

Hay programas como Sony Vegas con los que puedes incluir alguna cortinilla o textos y editarlos. También tienes Linkmyjob. Hay un videocurrículo muy conocido realizado por Enzo Vizcaíno cantando a golpe de ukelele en el metro.

Otro que me encanta por su originalidad es el de «Mario busca curro», en el que interactúas con la página: abres la puerta y se la puedes cerrar en la cara. Cada vez que lo haces aparece con más tiritas y nos enseña su portafolio, único y original.

Cuida el escenario como la mejor planta de tu casa

No puedes hablar en tu cuarto y con la cama revuelta. Incluye algo de música, pero eso sí: por favor, mantenla a un volumen bajo para que no protagonice el vídeo. Hay videotutoriales en YouTube en los que solo se escucha música estridente mientras el editor te enseña a formatear un ordenador.

No olvides compartirlo en redes sociales

Sin ellas estarás perdido. Si quieres hacerlo viral muévete por todas las que hay. Desde Instagram, pasando por Twitter, hasta llegar a Facebook.

La pieza sobre la que sentarte

«Tropecé de nuevo y con la misma piedra en cuestión de "trabajos" nunca he de ganar».

(canción de Julio Iglesias «remasterizada»)

En España estamos viviendo un *boom* en el sector de los centros de atención telefónica. Dado que muchas empresas están apostando por el comercio en línea, se contrata a muchos teleoperadores. La precariedad laboral y los salarios de los trabajadores son los puntos rojos que han llevado al bloqueo de la negociación del convenio colectivo del sector.

Los ingresos de un teleoperador en España rondan los 13 000 € anuales, en los *call center* difiere según el sector en el que te encuentres; no es lo mismo estar en banca que en televenta (reciben incentivos). Si aumenta le estrés, aumenta el sueldo.

Por otro lado, el sueldo de un teleoperador de *call center*, sobre todo el que trabaja en atención al cliente, ronda los 6-9 euros la hora, por lo que estaríamos hablando de un salario de entre 13 500 y 17 000 euros anuales proyectando por arriba.

Yo, con una venda en los ojos, acabé en el mundo del *telemarketing*. Sin frenos, cuesta abajo y olvidando la carrera que con esfuerzo y sudor había logrado sacar. Dos veces en mi vida caí y me salvé de las listas del INEM. Me prometí no poner nunca más el *mute*, pero como la palabra indica debí hacer mutismo y no caer de nuevo, una y otra vez haciendo mutis.

Recibí más de doscientas cincuenta llamadas al día durante tres años, transferí más de cinco mil quinientas a un espacio donde los clientes tenían que introducir una clave bancaria y volver a mí; en la mayoría de los casos, cuando se dirigían a aquel espacio sideral nunca retornaban. Puse siete mil doscientas veces el «aux2» para ir al servicio, el «aux5» para respirar y mirar el cielo por la ventana, el «aux7» para pedir vacaciones y el «aux3» para preguntar dudas a la gente de apoyo, esas personitas que ya no contestan el teléfono y corren de un lado a otro resolviéndote dudas. Quieres ser como ellos.

El mundo de las empresas de *telemarketing* ha ido cayendo en picado hasta llegar a situaciones infrahumanas. Hace diez años, cuando yo entré, era bien distinto: primaba más la calidad de la llamada que la venta de un producto. Hoy en día quien no vende ve cómo su sueldo disminuye y en algunos casos se va a la calle. *¿Telemarketing* o Teletienda?

Hay *call centers* en los que vendes un colchón con los muelles salidos, otros en los que haces llamadas para incorporar telecomunicaciones a los hogares; en otros luchas por que el cliente elija la fibra óptica adecuada cuando la comunidad todavía no la tiene instalada en el edificio. Otras veces acabas vendiendo los dichosos seguros de la vida que alguno de estos trabajos te quita.

Por suerte yo estuve en el sector bancario; eso y servir de apoyo para las declaraciones de la renta es de lo más cotizado en el mundo del *telemarketing*. De hecho, todo lo que escriba en este capítulo puede ser producto de mi imaginación o no. Muchos de mis compañeros sonreirán al ver que defiendo sus derechos a través de estas líneas.

¿Teleoperador o gestor? *That is the question.* Si trabajas con operaciones estás gestionando, así que deberías cobrar un plus, que a veces es una mísera moneda. Sin duda es tuya, es lo justo, pero en muchas plataformas no se reconoce. Y el *telemarketing* está lleno de justicieros con panfletos que luchan por ti. Recuerda que ya no eres una telefonista de los años cincuenta.

Como curiosidad te contaré que las primeras operadoras de telefonía nacieron en La Habana. Luego llegaron a Madrid, a finales del siglo XIX. Se dice que la incorporación de las mujeres al mercado partió de este sector. Obviamente, carecían de derechos laborales y el sueldo era ínfimo comparado con el de sus compañeros. Las mujeres nos tatuamos el dudoso honor de ser la diana del ahorro de costes.

En España, el 27 de febrero de 1912 se promulgó la llamada «Ley de la silla» según la cual las mujeres que trabajaran en determinados tipos de empresa dispondrían de una silla que sería usada cuando la actividad lo permitiera.

Aparte de estas razones mercantilistas, también resalta el artículo que la mujer tenía mejor trato con el abonado y una habilidad manual. Esto último permitidme que lo ponga en duda: me parece sexista y sin sentido. He visto a mujeres colgar a mitad de una gestión telefónica y luego retomar la llamada como si con un Lexatín se hubieran calmado. Nunca vi tanta montaña rusa interior en un trabajo. Pero lo mismo que hablo del teleoperador también hay un tipo de cliente concreto por teléfono. Parece que se unifican.

He quedado en una cafetería con dos chicas, Celia (42) y Cristina (46). Las llamaremos «las tributarias de la esperanza». Como te puedes imaginar, trabajan en Hacienda. Trabajan incansablemente con mucho sudor y lágrimas para todos los que llamamos al teléfono del contribuyente.

Quiero darles las gracias por compartir sus experiencias conmigo y con nuestros lectores. Hablan casi a la vez y van disparando un sinfín de anécdotas, como si entráramos en ese espacio sideral al que el teléfono nos tiene acostumbradas.

—Hoy por ejemplo, al despedirse, me ha dicho un chico canario: «Muchas gracias y, por favor, no pierdas nunca esa sonrisa...». Me ha llegado al corazón. No sé si es el cliente ligón del que me hablas. O más bien es porque es difícil en el mundo del *telemarketing*, donde las conversaciones están tan protocolizadas que valoran que te salgas del corsé, que seas sencilla y natural —dice Celia, mientras bebe una taza de café.

—Forman parte de tu familia. Hay que clientes que se repiten como el aceite —asiente Cristina.

—Tenemos un personaje ya conocido en la plataforma que lleva llamando desde que empezamos. Lo llamamos «El ya verá». Es la coletilla que usa continuamente en una conversación. Es un tipo de Huesca de mediana edad. Te pregunta las cosas una y mil veces. Y lo repite para cerciorarse de que lo ha entendido. Muy educado y correcto, eso sí... Quizá llama porque se siente muy solo —dice Celia. «Los clientes solitarios», los llamaría yo. Aunque los prefiero a los sabelotodo o a esos destornilladores de alma que no paran hasta hacerte agujeros (voz en *off*)—. También hay mucho ejecutivo con pasta que llama con temas supercomplicados dándoselas de interesante y piensas: «En el fondo eres un triste. ¿Por qué no te pagas un asesor?».

—Y quién mejor que nosotras —ríe Cristina—. Lo mejor es cuando llama alguno para ver cómo defraudan a Hacienda, que eres tú —dice, limpiándose la boca con la servilleta.

—Y no hay que olvidar a aquellos que quieren denunciar al vecino porque no entienden cómo con su pensión mediocre conduce dos Audi, tiene un piso en la playa y alquilan un chalé en la sierra. O los que conocen a una persona que paga en negro y no declara a Hacienda —añade Celia.

—¿Lo mejor y lo peor del mundo del *telemarketing*?

—Sin duda, que desconectas cuando termina la última llamada.

Reconozco ese brillo en sus ojos, cuando deseas que ningún cliente te llame para estropearte el día. Al final, una equivocación o una solicitud de información sobre un teléfono de contacto es lo mejor que te puede pasar.

—Lo mejor es la gente correcta y educada que te trata con respeto desde el primer segundo de la conversación hasta el último.

Celia termina su café. Lleva en la mirada la palabra «nostalgia».

—También hay dramas familiares en las llamadas. Voces de jóvenes que se acaban de quedar viudos y te preguntan por la devolución del fallecido. Familias desestructuradas o casados en segundas nupcias con hijos de varios matrimonios que te preguntan cómo se inscribe a los hijos en la declaración de IRPF. Recién separados despechados que preguntan cómo se liquida la sociedad de gananciales. Algunos que siguen preguntándote si arreglarse la boca o el gasto de residencia de la abuela deduce. Abuelos que se hacen cargo de sus nietos y te preguntan si pueden incluirlos en la declaración porque viven con ellos y su hija, madre soltera. Algún otro famosete que llama.

Me ha encantado tomarme un café con ellas y recordar los viejos tiempos al teléfono. Me han hecho acordarme de anécdotas graciosas, como mantener una conversación con alguien que no distingues si es hombre y mujer. Si te equivocas al dirigirte a esa persona es considerado un error grave.

Me levanto y voy a pagar la cuenta. Celia me mira y me dice: «Hoy me ha pasado algo gracioso, puedes transcribirlo si quieres. Las confusiones del teleoperador por estar distraído son también muy divertidas. En lugar de "Gracias por su llamada" al finalizar he dicho: "Gracias por su mañana"».

Cristina interrumpe: «O, peor, "Gracias por su mamada"». Le pasó con alguien.

Toman su bolso, me sonríen y se van alegres. Me gusta lo que veo en ellas: insistencia, camaradería, ilusión y un sinfín de piezas mágicas. Su vida fuera del centro de atención telefónica está completa, y eso se nota. No dejes que un trabajo que no es el deseado te hunda.

La diferencia siempre la marca la ACTITUD. Si diariamente te levantas obsesionado con el incumplimiento de las perspectivas que te has marcado, morirás trabajando. Levántate con una sonrisa; si eres teleoperador o puedes serlo ayudarás a mucha gente. En mi caso, el cliente octogenario era mi perdición. Me gustaba cuidarlo, ponerle el camino fácil.

En otras ocasiones descuelgas el teléfono a los clientes denominados «los castradores», que se levantan pensando a quién martirizar el día. En un blog leí que había un teleoperador que todas las mañanas se disfrazaba para alegrarle la vida a sus compañeros. Un día Spiderman puede contestar el teléfono, o qué sé yo, Heidi. Reflexiona sobre el día que te despiertas de la siesta y tratas a tu interlocutor como un déspota. Agradécele el esfuerzo, porque siempre habrá una coordinadora que lo ponga en «aux3» y le diga las cosas que ha hecho mal. Tú puedes reforzarlos con la llamada, quizás obtengan una bonificación gracias a ti.

En mi sector había clientes muy heterogéneos. Destacaban los siguientes:

Cliente abuelillo: enternecedor. Busca a su nieta en cada llamada. Querrás llevártelo a casa. Te pone los pies en el suelo y te valoras más.

Cliente ligón: aquel que tras cada frase que pronuncias exclama un piropo sin sentido. Un cuarto y mitad de «preciosa», un kilo de «mi vida» para terminar con una pizca de azúcar empalagosa.

Cliente sabelotodo: si llama, asústate. Son los que más saben de números. Algunos te hablan calculadora en mano y sienten cierto placer al adelantarse a ti.

El perfil de telefonista variaba de una a otra compañía; básicamente eran solteras con edades comprendidas entre los dieciocho y los treinta años. Trabajaban diez u once horas seis días a la semana y acudían a exámenes médicos para certificar sus habilidades manuales. En la actualidad pasan exámenes de otorrino. La mitad de los teleoperadores sufren alguna sordera; una buena técnica es cambiar el auricular de un oído a otro.

Preséntate a cualquier empleo con ENTUSIASMO: sin él estamos perdidos. Yo fui feliz en el sector de banca telefónica. Cada puesto de trabajo ha significado para mí un crecimiento personal brutal.

Mi amiga Marta trabajaba directamente en un banco. Me llamó y me dijo que estaban buscando gente para una subcontrata: hacer lo mismo, pero peor pagado. A mí aquello me sonaba a chino.

Pensé que alguien me contrataría en un garaje o en un subterráneo, sin testigos, pero Marta deshizo mis miedos:

—Mientras sepas lo que es un tipo de interés podrás con todo.

Muy ocurrente: se olvidó de hablarme de los fondos, las hipotecas, los planes de pensiones y del dichoso Ibex 35. Entré sin anestesia en un mundo loco de llamadas y fui la mujer más feliz del mundo.

Hay trabajos que te dan la vida; no tienen que ser ni los más cualificados ni los mejor pagados.

Nos dieron tres semanas de formación; tres semanas intensivas de inversión, de porcentajes y de TAE (Tasa Anual Equivalente), mucha TAE. Mi corazón a cada cifra se desbordaba; me venían a la cabeza, uno a uno, los suspensos en matemáticas del colegio. ¡Pobres clientes!, ¿Quién se apiadaría de ellos?

Todos manejamos cuentas sin haber crecido entre números: profesores de gimnasia, psicólogas de mediación familiar; muchas letras y pocos números. Los compañeros que me rodeaban veían el *telemarketing* como un trampolín con el que saltar hacia sus sueños. Bajo las piernas, entre llamada y llamada, había miles de folios para diferentes oposiciones. En los pasillos de la plataforma se oía: «Estamos de paso, solo de paso».

La frustración aparecía con el trascurso de los años; sigues de paso, sin embargo, el canal se extiende, continúas conociendo a un mayor número de personas que van y vienen.

La primera vez que te sientas frente al teléfono sudas; una voz se oye al otro lado y tú, con la voz entrecortada, intentas salvar la llamada... Goteas sudor porque sientes que no eres capaz.

Al otro lado te escucha un corderillo que confía en ti, aunque a medida que pasa la mañana los corderillos despiertan y a veces se exaltan. Exigen que su dinero esté a salvo.

—¿Mi cuenta vivienda tiene desgravación?

Y al segundo te hacen preguntas que te dejan sin aliento.

—Siempre he guardado el dinero debajo del colchón.

Conversaciones de auténticos besugos, como:

—Abra la ventana y pulse Enter.

—Las acabo de cambiar, son de Climalit.

—Hablo del ordenador.

—Con eso no me manejo. La tecnología no es para mí.

Si el pobre supiera que el Internet de las cosas ya está aquí entraría en pánico: desde la cama, con un simple clic, calentará el café en la cocina y abrirá la puerta a sus nietos.

Un mundo aparte son tus jefas, llamadas «coordinadoras» y, por encima de ellas, las supervisoras. En general son mujeres encantadoras, aunque predominan las que se sienten dominatriz. Mascan chicle mientras te monitorizan. Si desconoces qué significa eso te diré que muchas de esas llamadas se graban para realizar más tarde un *roleplay*. Ya te imaginas: escucharlas en grupo para sacarse los ojos unos a otros.

Hay campañas de emisión en las que llamas al cliente y lo acosas. Te sonará, porque diariamente, a las cuatro de la tarde, te llama una mujer como si fuera de la familia preguntando por ti.

Sin lugar a dudas, siempre he preferido las campañas de recepción. Ya sabes: el cliente te acosa a ti. Un receptivo, ya sea en el trabajo, amor o en un viaje siempre es el predispuesto a todo.

Pasan los meses, y todos esos soñadores ven que se va prolongando su estancia entre esas cuatro paredes.

¿Sabes lo mejor?

Yo era feliz, había encontrado mi sitio. Para mí era una satisfacción ayudar a otras personas. Es indescriptible trabajar en algo que nunca habías imaginado y vivir una experiencia tan gratificante porque tomas consciencia de la trascendencia de tus actos: una lección de vida.

9

Cuando las piezas no encajan

«Estamos encajonados en los límites que nos pone nuestro pensamiento».

Albert Einstein

¿Has tenido la sensación alguna vez de encontrarte fuera de lugar? Yo alguna vez que otra. La misma que cuando llegas la última a la fiesta, ya están formados los corrillos y nadie te mira ni se dirige a ti. Intentas integrarte asintiendo con la cabeza hasta que el grupo se deshace y te quedas en mitad de la nada, desnuda ante una multitud.

Algo así me ocurrió en una fiesta a la que nunca debí acudir. Por aquel entonces estudiaba italiano. Una chica que todavía recuerdo con cariño me invitó a una fiesta en una de las zonas más selectas del norte de Madrid, Conde de Orgaz. Decidí invitar yo misma a una amiga. Mis pensamientos se centraron en la piscina al aire libre y en el ático desde el que contemplaba el *skyline* nocturno mientras bebía cócteles. Un plan perfecto hasta que aparecieron tres elementos: ONU, una multitud de desconocidos y Kofi Annan. Este no estaba allí para hacer de relaciones públicas.

La fiesta se llenó de personas de todos los países excepto España. Se agrupaban en pequeños guetos, nadie se mezclaba, nadie nos hablaba; todos se conocían entre sí, pero nadie sabía quiénes éramos nosotras.

Tras tres horas sucumbiendo a los cócteles nos bañamos rodeadas de unos japoneses que nos sonreían sin parar mientras nos sentíamos arrinconadas como colillas. Unos instantes después, sin saber muy bien cómo, partimos hacia el aeropuerto en un automóvil de alta gama garabateando carteles de bienvenida para un tipo que no sabíamos quién era. Pegar cuatros saltos mientras agitas una pancarta que reza «*Welcome*» a un señor con permanente que acaba de bajar de un avión te aseguro que es sentirse fuera de lugar.

En otra ocasión trabajaba para una empresa de formación y habitualmente acudía a actos, muy diferentes unos de otros, y en la mayoría de las ocasiones la más joven de los invitados era yo. Casi todos me doblaban la edad y fumaban puros en la entrada mientras intercambiaban opiniones sobre los convenios de trabajo. Realmente me sentía como una mota de polvo en mitad del desierto. En un evento de la Confederación de Empresarios de Madrid, al empezar, se consolidó un tema en común: las ruedas recauchutadas. Cuando llegó mi turno, el micrófono temblaba al mismo ritmo que mi voz. No supe qué decir. Asentí con la cabeza y balbuceé para llegar a repetir lo mismo que el señor que estaba sentado a mi lado. De nuevo me sentí en el abismo más absoluto. No encajaba.

Cuando he recorrido los portales de empleo me he sentido también fuera de lugar. Nada encaja conmigo. Parece que en todos los trabajos los puestos se repiten con distintas palabras. En España parece que solo existen comerciales, informáticos y Big Data. Si no estás especializado en eso parece que no existes.

Las carreras más demandadas en 2017 fueron las siguientes:

- Ingeniería de Software
- Odontología
- Enfermería
- Medicina
- Fisioterapia
- Terapia ocupacional
- Ingeniería de telecomunicaciones
- Psicología
- Ingeniería civil

En 2017, las profesiones que han marcado tendencia son las que van en la línea de las telecomunicaciones y todo lo que tenga que ver con el análisis de datos: Big Data. La información que se mueve por el mundo necesita cada vez más de grandes profesionales que analicen esos datos para sacar un mayor provecho del mercado. Si eres intuitivo o creador olvídate.

Como cada año, Hays Recruiting Experts Worldwide elabora la *Guía del Mercado Laboral*, que recoge las últimas novedades y tendencias del panorama profesional. Se han realizado diferentes encuestas a empresas, trabajadores, tanto en el mercado interior como en el extranjero y sector educativo. Se han recibido respuestas de 56 Universidades, 1 700 empresas y 8 800 profesionales.

Por el contrario, los sectores que se van a contratar más en 2018 son los siguientes:

- Comercio al por mayor y al por menor
- Industria Manufacturera
- Establecimientos financieros, seguros, bienes inmuebles, servicios
- Servicios comunales, sociales y personales
- Construcción
- Otros sectores

Bancos y seguros caen. Cada día se unifican sucursales. Se tiende a ser telemático. Estamos inmersos en el #IoT, «Internet de las cosas», de ahí que en 2018 destaque con diferencia el sector de las telecomunicaciones. Especialista en Ciberseguridad y Agile/Scrum vienen con fuerza. Esto genera miedo. ¿Avance o control? En Newfusion, una compañía de Bélgica, decidieron emplear una nueva tecnología para que sus trabajadores accedan al recinto y a las computadoras de trabajo. A modo de reemplazo de las tarjetas de identificación común que usan la mayoría de las empresas implantaron chips bajo la piel de los trabajadores.

Este chip, que se coloca entre el dedo índice y el pulgar, es como un grano de arroz. «La idea vino de un empleado que a menudo se olvidaba la tarjeta», declaró a la cadena de televisión belga VRT el director de la empresa, Vincent Nys, según lo indicado en Cooperativa.cl. También señaló que «un iPhone es diez veces más peligroso» respecto a la seguridad de la información personal.

Ocho empleados voluntarios han accedido a utilizarlo. Van a ser los conejillos de indias, pero seguro que pronto se extiende por más países. Las empresas no impulsan la guardería en la planta baja, ahora pretenden que tengas el «Aux» dentro.

Vamos camino de ello: que tu compañero deje de serlo y se convierta en un robot. La robótica y la industria 4.0 están llegando de una forma brutal. Algunos creían que este tipo de tecnología alcanzaría el mercado en el año 2050; sin embargo, una melodía irritante se te cuela por el oído para gritarte: «Ya estamos aquí». Los avances en robotización, automatización y digitalización aumentarán la productividad industrial.

«El 47 % de los 400 millones de empleos que hay en Estados Unidos son de alto riesgo», afirma un estudio realizado por los autores Frey y Osborne tras analizar una detallada clasificación de 702 ocupaciones en los Estados Unidos de América. Elaboraron una lista de empleos en función de su probabilidad de ser reemplazados por ordenadores y concluyeron que más de un 45 % de ellos podrían ser sustituidos por un robot en un futuro no muy lejano.

¿Os imagináis? Ya no estarán Jaime ni Ricardo detrás de ti pasándote los reportes. Ahora tendrás a Sputnik, que te dará los buenos días educadamente.

Los trabajos rutinarios y repetitivos tienden a desaparecer. Pero los que trabajan con datos se refuerzan cada vez más. Si pensamos en las elecciones estadounidenses de 2016, que ganó Trump, nos da una pista sobre qué sucederá en años venideros. Nadie concebía la idea de que Trump fuera el vencedor. Sin embargo, desde la India, gracias a un sistema de inteligencia artificial que procesó más de veinte millones de datos procedentes de Google, Facebook y Twitter, se acertó el resultado. Lo mismo ocurrió en las tres anteriores elecciones.

La pregunta sobre la que quiero que reflexionemos es la siguiente:

«¿Tengo que estudiar ciberseguridad, impresoras 3D, o por el contrario tengo que elegir un curso, carrera o posgrado que me haga feliz?»

Diréis que esta pregunta tiene trampa; si añado la palabra «feliz» en la segunda parte directamente nuestra mirada se dirige allí sin leer el resto. Está hecho aposta, no quiero que lo dudes ni un instante: haz lo que te entusiasme. Si lo tuyo es la pasión por las *smartcities,* a por ellas; pero si te gusta la filosofía cometerías un error no dedicándote a ella. Lo mismo sucede en el amor: no te enamoras de alguien porque te conviene.

El sentido común es importante, no imprescindible. Pon sobre la mesa diez pósits con los trabajos a los que te gustaría dedicarte; formarán un gran abanico. Ten en cuenta las siguientes premisas:

- El trabajo nunca vendrá a ti: tú deberás ir a él, ya sea creándolo o reinventándote.
- Una gran parte del éxito es una buena venta de ti.
- No dejes nunca tu formación en la experiencia vital.
- Mata tus miedos.

Quiero pararme en el último punto; los miedos son las peores amenazas de nuestra vida profesional. Con ellos te haces vulnerable, y tu ratón solo clicará en puestos de baja responsabilidad. No escuches a los de fuera: decide siempre por ti mismo. Lo notarás, porque cuando deseas algo con intensidad, el miedo va disminuyendo. Y aumenta el DESEO.

La vida de cada uno se elige por voluntad propia, buscar el mejor camino es una decisión personal. En general pasamos por experiencias vitales diferentes, debemos ser respetuosos y sobre todo no juzgar, algo que se nos da muy bien en nuestro país. ¿Quién no ha operado alguna vez o arbitrado desde el sillón?

Cada día evolucionamos, por eso nadie es el mismo de ayer. Hay que adaptarse a los instantes que vivamos.

Esta es la historia de Luisa, una mujer de 44 años que como cualquiera de nosotros un día quiso trabajar y no le resultó fácil. Unos años atrás, decidió no seguir trabajando para dedicar un tiempo a formar una familia. Todas sus amigas se opusieron; su entorno no la apoyó.

Fue en ese momento cuando Luisa paró el motor del empleo. Durante años trabajó en una gestoría. Estudió Derecho con una media de matrícula de honor. Una estudiante ejemplar creando responsabilidades que la arrastran hacia el camino de la perfección: no se puede bajar el listón porque no quieres defraudar. Al finalizar la licenciatura a Luisa le llovieron ofertas de los mejores bufetes de Madrid. La honestidad y la integridad moral eligieron por ella los asientos contables. Para ser abogado hay que valer, tener ciertas actitudes y olvidarse de los escrúpulos (no lo digo con acritud). La mayoría de mis familiares son abogados, y lo cierto es que poseen la fuerza interna necesaria para arremeter contra el otro si quieres ganar. Los recursos no se ganan con mano blanda. Por eso fui una de las primeras en romper la tradición familiar.

El entusiasmo de Luisa por desarrollar su carrera profesional hizo que estuviera receptiva a ofertas. No buscaba hasta que recibió, por intermediación de su hermano, una llamada telefónica.

Ya sabéis: tráfico de influencias. En España, los mejores portales de empleo son los amigos y familiares.

Su hermano movió los hilos y Luisa empezó a trabajar. Cada mañana se levantaba con ilusión, con ese nerviosismo de enfrentarse a lo nuevo, pero aquella idílica relación laboral comenzó a resquebrajarse. Se encontró una oficina en la que reinaba el caos. Los archivos, manchados de café, rodaban por el suelo. La tecnología brillaba por su ausencia. Su ansiedad y su falta de seguridad hicieron que se pegara contra la pared de la oficina y respirara dos o tres veces para tomar impulso antes de entrar. No había manera de controlar el descontrol. Me imagino que sabéis de lo que estoy hablando. Muchos de nosotros lo hemos sentido. Sientes que empiezas a defraudar a todos, que no vales una mierda. Cuanto mayor es el agobio menos saltas hacia el exterior.

Recuerdo que cuando comencé a trabajar en el Banco Santander empecé a somatizar el estrés en forma de vértigos. Si me ponía de pie el suelo se iba al techo. Vivía en un barco. Luisa estaba de polizón. El capitán Stubing de *Vacaciones en el mar* no estaba allí para sacarnos a flote. Los miedos se convirtieron en fauces de león que nos comían a bocados.

Luisa pensaba en su hermano, en la decepción que le produciría. Y yo en la amiga de mi madre, en su abuela, en el coro de griegos insultándome por no dar la talla en el puesto para el que me había recomendado.

Luisa hiperventilaba y se marchó de aquel trabajo en el que nunca la valoraron. Yo continué dos días más en aquel barco hasta que me puse un flotador y me tiré al mar. Comencé a nadar lejos, me quedé hundida mirando el océano profundo que acaparaba mi aire; se me olvidaba respirar. El «ahora» se convirtió en «nunca».

Un trabajo puede sacar lo mejor de ti o hundirte. El trabajo se puede convertir en tu peor fobia. Y el entorno a veces no ayuda.

Por encima de todo, Luisa es madre. Renunció a su vida profesional para cuidar de sus hijos y no «condenarlos» a pasar diez horas al día en una guardería. No quiero decir que la madre que sale a trabajar y deja a sus pequeños en la guardería sea una mala madre. Son decisiones personales; nadie debe juzgarnos. En muchas ocasiones digo que si viviésemos la vida del otro repetiríamos sus actos: yo y mis circunstancias.

«Condenarlos» va entrecomillado solo por Luisa. Ella con sus circunstancias piensa así y nadie puede arremeter contra eso. En su caso el trabajo representaba la culpa; no quería alejarse de sus niños, quería cuidarlos, comportarse como se sentía de verdad.

Bravo por ti, Luisa, y bravo por las madres que salen y lo dan todo en el trabajo.

«De verdad que a pesar de lo agotador que a veces resulta estar solo con niños todo el día yo era feliz», apostilla.

Sin embargo, en 2008 llegó la crisis. Su marido fue uno de los afectados por ese *tsunami* laboral. La empresa en la que trabajaba quebró. Le dejaron mucho dinero a deber; no encontraba un puesto de trabajo. De nuevo el maremoto de circunstancias arrebató la tranquilidad de Luisa. Salió corriendo a buscar empleo y tuvo la suerte de encontrarlo rápido: primero en una asesoría y posteriormente, a través de la bolsa de trabajo del Ministerio de Justicia, en un juzgado. Lo que siempre había sido su sueño. Las bolsas de empleo existen y se abren cuatro años después de echar la instancia. A veces puedes tener un golpe de suerte. ¿Suerte? ¿O suerte trabajada? Creo en la suerte trabajada. Luisa es una luchadora, nadie le ha regalado nada en la vida, en sus estudios, en su profesión, en la profunda crisis en la que se vio envuelta; siempre ha sobrellevado con una sonrisa ser el bastión de su familia.

En ambos puestos de trabajo ha tenido que superarse a sí misma y salir adelante luchando mucho. En el primero porque llevaba siete años sin trabajar y estaba totalmente obsoleta, y en el segundo porque no tenía experiencia ni sabía nada de la práctica jurídica veinte años después de acabar la licenciatura de Derecho.

Pero lo cierto es que tras mucho sufrimiento, angustia, ansiedad y noches en vela parece que ahora, en su nuevo puesto de trabajo, ha generado su zona de confort. A pesar de que en algunas ocasiones se pregunte qué hace allí, se siente satisfecha y feliz porque ha superado sus miedos e inseguridades, porque contribuye a sacar a su familia adelante y porque tiene el reconocimiento a nivel profesional.

Me dice que se siente orgullosa porque sus hijos ven en ella un ejemplo de superación. Las cosas no son fáciles. Hay que luchar. Su hijo Pablo le pregunta:

—¿Adónde vas, mamá?

—Voy a trabajar.

Es bueno que los hijos, desde pequeños, vean que las cosas no son fáciles, que en esta vida debemos superar obstáculos continuamente.

Aquí os dejo un antibiótico contra los miedos:

Miedo Cinfa
500 mg comprimidos recubiertos con película indolora

- Piensa siempre en la salida de emergencia. Piensa siempre que puedes marcharte de allí.
- Mira el día a día. No abarques el futuro. Piensa que es una carrera y que vas superando pequeñas metas. Refuérzate con lo que haces bien. No te machaques con los errores.
- En ocasiones, ponte anestesia. Entra en la oficina dándolo todo, pero no lo veas como el principio del fin. Tu jefe también comete errores. Tu compañero también. «El que trabaja siempre se equivoca».
- No eres perfecta. El trabajo es una parte importante de tu vida, pero no toda tu vida.
- Piensa en lo peor que puede pasar. ¿Que te despidan? Ya entrarás en otro trabajo y funcionará.

- Trabaja en algo que te apasione.
- No inventes problemas que no existen. *Step by step.*
- Intenta no pensar antes de trabajar. Lo único que harás es debilitarte y no poder luchar.
- Pilates, natación o yoga te servirán para relajarte en tu día a día.
- Cuando te venga un bajón, piensa: «Estoy cotizando».

Consumir preferentemente tres veces al día: al levantarte, al llegar de trabajar y antes de dormir. Antes de las comidas no tomar este medicamento, produce somnolencia.

Pueden aparecer algunos efectos secundarios adversos, como volverte indiferente. Si vas por ese camino, encamínate y valora lo que haces. Hay mucha gente fuera queriendo estar donde estás tú ahora mismo.

Informa a algún amigo o busca un psicólogo si padeces:
- Diarreas
- Disneas
- Pánico
- Mareos
- Dolor de cabeza

Las piezas del tetris que encajan desaparecen, pero no se olvidan

«Un optimista ve una oportunidad en toda calamidad, un pesimista ve una calamidad en toda oportunidad».

Winston Churchill

Durante el largo camino de búsqueda de un empleo te caes tantas veces que te llenas de magulladuras. De cicatrices sin curar. Notas que te duele mucho la cadera. Esta vez tienes algo más serio que un simple dolor de cabeza por pasar tantas horas sintiéndote inútil al ver que nadie te llama. Vas a urgencias y te dan por fin un diagnóstico: trocanteritis. Inflamación de las bolsas serosas situadas en la proximidad del fémur.

¿Qué hacer? ¿Habrá algo contra este dolor insoportable? Has probado de todo: analgésicos, hielo, estiramientos..., y de pronto se enciende una luz en tu interior. En el bolsillo tienes la tarjeta de un osteópata que te dio una compañera de Pilates y casi no apreciaste; siempre se nos olvidan los pequeños detalles, pero vienen a nuestra cabeza cuando los necesitamos. Lo llamas y te da la primera cita. La ilusión vuelve. Te tumba en la camilla. Sabes que va a ser un dolor agudo. Sientes unas manos masajeándote fuertemente en el muslo hasta llegar al glúteo. De pronto, el dolor se hace sordo. Mejoras y te das cuenta de que solo había que encontrar lo que a ti te venía bien.

Lo mismo pasa con el trabajo. Caminas, subes escaleras sin apreciar el dolor.

Después de echar miles de currículos y ver que no te llama nadie, puertas cerradas y silencios, sientes que no puedes buscar la pieza que te falta si te quedas pegada a un ordenador. Estás perdiendo mucha vida y no aprendes nada nuevo. Se abre un abanico de posibilidades.

¿Qué es lo que siempre te fascinó? ¿Por qué hiciste Periodismo, o en tu caso otra cosa?

Busca la respuesta: la tienes ahí dentro. Deja que salga y corre hacia ella. Quizá si la pieza de tu puzle de troquel tiene tres salidas encaje con otra de cuatro. Como todo lo importante, parece que llega por azar, pero hay un trabajo inmenso detrás.

Comencé a escribir. Las teclas de mi ordenador se pulsaban solas; tanto es así que escribí un relato corto sobre redes sociales para un concurso internacional, «Redes Antisociales». La inspiración vino a cenar, ahí justo estaba la técnica del osteópata. Masaje arriba, masaje abajo, apretar y soltar. Crema Voltarén hasta el tobillo. En las letras y la escritura encontré mi analgésico. Me sentía bien, con fuerza. A partir de una afición pude encontrar la pieza que me faltaba.

Lo presenté a un concurso literario y volví a recuperar la ilusión. Además, exponiendo ante un jurado. Los premios literarios siempre llevan detrás cinco o seis personas que juzgan tu trabajo. En los empleos también.

¿A qué tenemos miedo? A que nos juzguen. A exponernos demasiado. A desnudarnos y sentirnos descubiertos ante personas que no nos van a proteger. Dale la vuelta a ese pensamiento. Reflexiona: ellos también se exponen ante otro, quizá la persona que juzga hoy no es la idónea para ti.

A las pocas semanas me comunicaron que había ganado el concurso. Mi cadera empezó a recuperarse. Quería un hacketón a lo grande, más que un maratón. Para los que no lo sepáis, el término se refiere a un encuentro de programadores que dura uno o dos días. Yo necesitaba exponerme a un grupo más grande, como mis amigas. En realidad no buscaba un jurado; mi ambición aumentaba y buscaba la superación personal. Una persona ante las humillaciones se crece o se hunde. Yo quería saber si era válida en algo y lo superé con creces; por primera vez en mi vida me sentí muy orgullosa. Aquello que empezó como una distracción, una evasión para olvidar los portales de empleo, se convirtió en mi profesión.

Organicé una cena con amigas, y entre los propósitos del año les leí mi relato. Un silencio dio paso a un aplauso unánime. Como dice Maruja Torres, «busca tu tribu», el grupo de confianza que te ayude a levantarte cuando caigas. Mi vida esa noche cambió; a partir de ese momento quise escribir una novela del relato ganador. Me propuse un reto, soy así: me gusta hacer las cosas a lo grande.

En el primer San Valentín que celebré me propuse pintar un cuadro, y no creáis que elegí el lienzo más pequeño, fue tan grande como el de *Las Meninas*. Durante días estuve tirada pegando y pintando un *collage* a pesar de mis suspensos en plástica. Quizá la persona que me suspendía tampoco era la idónea; en la infancia pueden troquelar tu autoestima y que perdure, resentida. Por eso digo que hay que pensar a lo grande, no quedarse en detalles pequeños. Deja que otros te entreguen lienzos pequeños, pero por tu parte elige el más grande.

Escribí mi novela *39 cafés y un desayuno* en unos pocos meses. La temática estaba trabajada gracias a mi relato. Sin mostrársela a nadie, sin buscar la aprobación de los demás, quizá por inseguridad (por una vez servía para algo), la envié a varias editoriales. A los quince días me contestó la editorial Paréntesis. A los dos meses estaba publicada y un poco más tarde me escribió una productora de cine.

Me reuní con ellos y se enamoraron de Martina, la protagonista de *39 cafés y un desayuno*. En cuatro meses me leyeron cerca de mil cuatrocientas personas, lo cual para una novel es improbable. Creo que tenía el ingenio y la pureza de la primera vez. No pensaba en nada ni nadie. Escribía para mí, por mero placer. A partir de ahí hubo lectores entusiasmados, mis «conectores de letras», como yo los llamo: hubo presentaciones, conferencias en el Líber de Barcelona... Todo fue imparable. Pasé del estancamiento inicial a preparar charlas y viajar, lo cual me permitía elegir ciudades en las que tenía amigos y podía reencontrarme con ellos. Sin duda fue una época de enriquecimiento personal de la que conservo intacta la autoestima.

Después de un tiempo recuperé los derechos de mi novela. Aprendí a maquetarla para subirla a las plataformas digitales. Buscaba cuatro cosas:

- Mayor volumen de ventas
- Mayor visibilidad
- Control de las ventas
- Herramientas sencillas

Empecé a ver una salida en el túnel. Diferentes plataformas digitales se abrían ante mis ojos: Bubok, Google Play, Barnes, Lulu, Smashwords.

El 15 de septiembre de 2011 llegó Amazon a España. Jeff Bezos la había creado en Estados Unidos en 1995. Habían empezado distribuyendo libros desde un garaje.

Los garajes han sido invernaderos de genialidades, si no que se lo digan a Steve Jobs, que fabricó sus primeras computadoras en uno; en los garajes siempre se cuecen grandes ideas.

Necesitaba rodearme de gente digitalmente más inteligente que yo, con más experiencia. Aprender de otras personas. Estar solo no te permite crecer, y cuando buscas trabajo o lo estás creando necesitas no perder la conexión con el exterior.

Necesitaba hacer *networking*, intercambiar pensamientos. En definitiva, sentirme viva. Así es como encontré a Carlos Bravo, el creador de *Marketing de Guerrilla,* que iba a dar una charla sobre blogs: «Cómo crear un blog y dar visibilidad a tu negocio».

Llegué puntual al garaje de la calle Matilde Díez número 11. Un lugar creado por la Asociación de Jóvenes Empresarios como punto de encuentro de conocimientos, ideas, oportunidades y *networking*. Allí mi vida profesional volvería a dar un giro. Es la sede donde se celebran eventos de referencia para Google, Pink Slip Party, Innosfera, Spain Sports Network y muchos más, gracias a su aforo de ciento catorce personas. La sala se llenó de gente que tenía blogs sobre diferentes temas: cocina, cine, *marketing*. Todos queríamos lanzar nuestra marca personal. Yo no tenía blog. Ni siquiera sabía cómo se hacía uno. Hasta hace poco no tenía ni redes sociales, probablemente porque no quería encontrarme con gente del pasado que me preguntara por el presente y tuviera que decirles que tengo un currículo con mucha experiencia, pero ninguna sólida.

Carlos Bravo subió al estrado como un líder de masas. Menudo, pero con un carisma fuera de lo normal. Sus comienzos tampoco estaban envueltos en papel de seda. Recuerdo que dijo que metió muchísimas veces la pata con blogs antes de triunfar con *Marketing de Guerrilla*. Ensayo-error. Era incansable. Luego supe que corría maratones; casi todos los maratonianos pueden escribir una entrada diaria. Están hechos de otra pasta, son líderes y mentes inagotables.

Había intermedios entre conferencia y conferencia durante los cuales me dediqué a hablar con mucha gente. Conocí a una chica que tenía un blog llamado *Cine en conserva*. La he visto crecer y ahora, cuando la leo, me siento orgullosa de ella. Me quedé hasta el final de la conferencia. Casi todo el mundo había traído su iPad y trabajaba sobre sus tabletas como posesos. Y allí, entre la multitud, mis ojos se toparon con él, el Steve Jobs de mi vida. Un ser generoso y con una planta increíble, el Cary Grant de la escena digital. Elegante, educado y listo. Un caballero 2.0.

Se llamaba José María Jiménez Shaw, ingeniero de Telecomunicaciones que, tras trabajar para otros en varias multinacionales tecnológicas, entró en el mundo del *marketing online* de la mano de su blog, *3cero.com*, y emprendió varios proyectos. Desde su agencia de *marketing* en línea, *Nanoproyectos.com*, ha lanzado un proyecto dirigido a ayudar a los abogados a captar clientes en Internet: *http://marketingjuridicodigital.com/*.

Nos sentamos ante una mesa alta. Me colgaban las piernas y mi mente iba tan deprisa como el último satélite de la NASA.

—¿A qué te dedicas?

—Escribo, pero necesito llegar a más gente. Estoy en un bucle de desesperanza.

—Vente a tomar algo con nosotros y te contamos.

No tenía nada que perder y mucho que ganar. Tomamos una caña rápida y surgieron un millón de ideas. Carlos Bravo y él me abrieron un campo de conocimiento enorme que no hubiera encontrado sola en casa mirando el ordenador.

Me acogieron y me abrieron los ojos de la marca personal. Sin ella mi mundo laboral hoy por hoy estaría muerto. Crear un blog era lo primero que había que hacer. Hacer *buzz* (zumbido de abeja), crear ruido teniendo en cuenta estos tres puntos importantes:

- Tener un buen producto
- Tener presencia en todas partes
- Ser constante

En primer lugar se prepara un análisis DAFO, es decir, hay que identificar las Debilidades, Amenazas, Fortalezas y Oportunidades.

Respecto a las tácticas, procuro aplicar el Principio de Pareto 20/80. En *marketing* suele cumplirse que con un 20 % de las acciones se obtiene el 80 % de los resultados.

Me aconsejaron crear un blog con mi nombre real, de forma que siempre que empezara un negocio no perdiera mi marca personal. Todo saldría de mi raíz. Con los libros es fundamental, porque así logras que los lectores te encuentren en las redes.

José María Shaw me pidió el correo electrónico y concretamos una cita a la mañana siguiente por Skype. Su profesionalidad me generaba incertidumbre; viniendo de nuestro país, parecía alemán. En diez minutos compró un dominio para mí. Le pregunté:

—¿WordPress o Blogger? ¿Papá o mamá?

—Blogger pertenece a papá Google. Te ayuda a conectar con círculos de gente de la misma temática, pero WordPress da imagen de seriedad.

Hosting y dominio. Todo en uno, lo tenía claro. Sin José María no podría haber tenido mi marca personal. Hoy por hoy me sorprende que alguien al que no le debes nada te lo dé todo. A partir de ese momento, cada vez que alguien me pide ayuda, se la brindo. Yo también anduve sola y perdida. Uno de mis principios se basa en la firme creencia de que cualquiera se enriquece más regalando que recibiendo; es mucho más gratificante encontrarte con personas que piensan y actúan como tú, así el mundo fluye.

Durante cuatro años y medio escribí cinco entradas a la semana en WordPress, mezclando literatura y lugares que visitar en Madrid. Murakami podía comer en El Abrazo de Vergara y degustar empanadillas criollas. Alrededor de cien visitas diarias, teniendo en cuenta la temática, era un logro. Los lectores comenzaron a leerme, a retarme, a darme *feedback*. Y cada vez profesionalizaba más mi perfil como escritora. Contraté maquetadores, diseñadores y correctores. No puedes montar un negocio sin rodearte de gente valiosa. Todos somos un equipo y yo no soy nada sin ellos. Si quieres empezar a volar, busca unas alas diseñadas por profesionales. Mis alas fueron ese ingeniero de Telecomunicaciones increíble y maravilloso que pasó una vez por mi vida y al que siempre recordaré.

José María Shaw lo tiene claro; habla así sobre el empleo:

«Cada día es más habitual que, tras años en una empresa, te despidan y que, a pesar de tus conocimientos, reconocimiento en el sector y experiencia, no te vuelvan a contratar. El problema es que cada vez hay menos puestos de trabajo con condiciones y sueldos aceptables y los que hay están ocupados, por lo que, salvo casos muy excepcionales y diría que casuales es imposible volver a tener un contrato con condiciones similares a las perdidas».

Su consejo es que no dediques dos años a buscar un empleo; quizás uno o dos meses por si suena la flauta, pero no más. Yo añadiría que la flauta la toquen otros.

José María distingue entre «empleo» y «trabajo». «Trabajo» es una actividad que desarrollas por la que están dispuestos a pagarte, ya sea teniéndote en nómina o contratándote como profesional autónomo.

Piensa qué te gusta hacer, qué se te da bien y qué tiene demanda en el mercado. Si encuentras algo que esté en los tres grupos será la actividad a la que dedicarás los próximos años.

Lo habitual es que lo que hagas no tenga nada que ver con lo hecho hasta ahora. Poco a poco conseguirás clientes y cada uno se convertirá en un jefe. Si es difícil lidiar con uno, más lo es con varios. Es duro, pero jamás estarás sin trabajo. No tendrás todos los huevos en la misma cesta como cuando eres un asalariado. Se te podrá caer un cliente, pero tendrás otros. Si pierdes un empleo te quedas sin nada.

José María apuesta por un trabajo de largo recorrido con el que decidas cuándo ganar dinero y de qué forma.

Date a conocer

Una vez que hayas escogido a qué te vas a dedicar, José María te anima a salir al mercado. La mejor manera de darte a conocer es escribiendo un blog con el que ir posicionándote como experto en la actividad elegida.

No es necesario que seas un experto para empezar; puedes ir aprendiendo poco a poco. Investiga antes de escribir los artículos y cada vez sabrás más de la materia que tratas.

Acude a eventos presenciales relevantes y aprovecha para dejar tu tarjeta, en la que has de incluir la URL de tu blog; así aumentará tu nicho.

Comparte contenido en redes sociales, no solamente de tu blog, sino de los de otros profesionales del sector que hayas escogido. Eso reforzará tu marca personal y hará que te vea la gente que pertenece a tu mismo sector.

Por último, te aconsejaría que no dejes al azar la navegación de los internautas hacia tu blog o página. Si inviertes en publicidad como la que te ofrece Facebook Ads alcanzarás mayor visibilidad rápidamente a un precio asequible. Los anuncios en Facebook son una de las herramientas más potentes que he encontrado en el mercado. Segmentas al cliente por edad, país, profesión y llegas a él directamente. Gracias a eso pude encontrar más lectores. Busca siempre a tu cliente final. El SEO y el SEM se convirtieron por un tiempo en mis grandes amigos. Las palabras clave son fundamentales en un blog. Y los anuncios en Google son increíbles. Te puedo decir que la primera vez que puse un anuncio con papá Google llamé a un francés que estaba en Luxemburgo. Me hizo colgar y me llamó él para que me ahorrara el coste de la llamada. Y juntos contratamos los anuncios. Fue una experiencia única. Haz de tu negocio algo universal, no provinciano.

La era digital, sobre todo el mundo de los libros, dio un salto inesperado cuando Amazon llegó a España. Por ejemplo, John Locke vio cómo sus obras saltaron a la fama en Internet y se convirtieron en superventas en formato digital. Este escritor estadounidense es autor de varias novelas de misterio y acción cuyo protagonista es un exagente de la CIA llamado Donovan Creed.

John Locke tardó once días en teclear una de sus novelas, *Maybe*. No se sentó ante el ordenador hasta que hubo completado en su cabeza un mapa con diez «escenas pivote». Así es cómo él suele esquivar el bloqueo del escritor. Luego voló sobre el teclado y se centró en lo relevante de la trama, confundiendo quizá el nombre de algún personaje y el orden de los capítulos, pues escribe de forma no lineal. Deja huecos en blanco y después de una buena ducha rellena. Cuando terminó el bruto lo imprimió y lo leyó; tachó el 5 % para eliminar la grasa sobrante y dotar a la novela de la esencia del autor.

Locke cargó los archivos en Amazon.com, el mayor portal de venta *online* del mundo, y un par de semanas después la novela entró en el *top* 100 de los libros electrónicos de ficción más descargados.

Locke califica sus novelas como «mitad cohete espacial, mitad montaña rusa». Es el primer autor autoeditado que superó el millón de libros electrónicos vendidos en Amazon.com sin el apoyo de una editorial.

Yo no soy Locke, pero me siento orgullosa del camino recorrido con mis novelas.

39 cafés y un desayuno llegó a ser número cinco en Amazon y alcanzó los puestos uno y dos en Alemania e Italia respectivamente. Años después la novela seguía viva; tanto que la editorial Espasa, del grupo Planeta, se fijó en ella para publicarla de nuevo.

▣◗▤◖▣

Recuerdo el día que subí en aquel ascensor para conocer a mi editora. Tan nerviosa e inquieta emocionalmente como me sentía me llevé mi lector de libro electrónico para leer en el autobús. El primer día es importante causar buena impresión o dejar una chispa inolvidable que recuerde tu paso por allí como unas gotas de Chanel n.º 5. Yo dejé una estela vergonzosa.

Ella entró como un cascabel, simpática y práctica a partes iguales. Me senté en un sillón. Hablamos de otras autoras hasta que comenzó a hablar de *39 cafés y un desayuno*. Lo vi con luces de neón: lo iban a cuidar. Volvían a creer en él. Por mi parte la animaba a prescindir de la publicación porque el libro había tenido un recorrido, pero ella insistía. Alguien creía en mí de nuevo y yo volvía a dudarlo. La inseguridad llamaba a mi puerta otra vez.

¿Os acordáis lo que os he dicho de las gotas de Chanel n.º 5? Yo rocié el vaso, como un Steve Urkel en la editorial Planeta. La editora y yo nos dimos la mano y al despedirme descubrí que no tenía mi lector de libros electrónicos. Durante treinta minutos el departamento de no ficción de Planeta estuvo gateando buscando un maldito Kindle por el suelo.

La editora se movía nerviosa de un lado a otro porque se sentía culpable. La pobre no tenía nada que ver, no contaba con el despiste de una novata en Planeta. Pasó lo que nadie quiere que ocurra en su primer día de empleo: hacer el ridículo más absoluto.

De vuelta a casa en el autobús 133, emocionada por la publicación y conmocionada por la pérdida de mis cientos de libros, reflexioné sobre lo ocurrido. Llegué a casa confundida y, al dejar caer con desgana el abrigo, no te vas a creer lo que vi. Todavía hoy siento vergüenza. El Kindle se había caído dentro de la capucha del abrigo; doscientos noventa y dos gramos en una capucha impermeable acolchada y yo sin saberlo. Rápidamente me dirigí al ordenador y escribí un correo electrónico pidiendo disculpas casi de rodillas. A veces rociar con unas gotas de Chanel puede producirte una vergüenza absoluta. No creo que la editora me haya olvidado.

❉❉❉

Seguí trabajando durante tres años y medio más. En ese intermedio llegaron más novelas y más premios literarios: concretamente nueve novelas más y catorce premios literarios. Mis manos no podían dejar de escribir, mi gran pasión. Mil y una historias pasaban por mi cabeza. Seguí formándome leyendo a los grandes clásicos y a los contemporáneos. Me apunté a talleres literarios.

Aquel año, además de vender *39 cafés y un desayuno* a Planeta, se publicaron en México *Sinfonía de silencios* y *Dame un mes soltera* y certifiqué que los sueños se hacen realidad.

Al cruzar el charco sientes que el esfuerzo ha merecido la pena. Tus libros se abren a otro público, te entrevistan en franjas horarias diferentes, adaptan el vocabulario de tu novela al léxico local, es un aprendizaje continuo.

No debes olvidarte que estás subido en el ático y que en cualquier momento puedes bajar al sótano. Ten la mente preparada para ello. Cuando eres un trabajador autónomo, sin equipo ni nadie con quien trabajar codo con codo es difícil; probablemente haya personas que prefieran esta situación.

Sin embargo, «yo y mis circunstancias» hicieron mella en mí. A todo el mundo no le viene bien lo mismo.

En la vida ocurren hechos que desgraciadamente afectan y duelen muchísimo, como el fallecimiento de personas que han crecido contigo, que te han dado la mano o que has amado.

Aislada laboralmente, trabajando frente a una pantalla de ordenador en casa y rodeada de enfermedad durante largas horas en la habitación de un hospital toqué fondo. Las pérdidas tocaron de lleno mi corazón y me desestabilizaron emocionalmente. Yo, emprendedora de letras, quise abandonar. Quizá para muchas personas ser escritora sea lo mejor del mundo, y lo es, no digo que no. Pero necesitaba salir al mundo laboral, intentar nuevos caminos. Seguir aprendiendo. Necesitaba interactuar con compañeros. Echaba de menos esa sensación de ir a tomar un café, de resolver en equipo un problema o disfrutar de un éxito.

Reconstruirme por dentro. No encajaba ninguna pieza. ¿Y sabes por qué?

Todo me parecía poco. Mi autoexigencia y falta de autoestima hicieron que no encontrara sentido a nada de lo que hacía. Demasiado esfuerzo para centrarte solo en algo; llena la cesta de ilusiones: si alguna falla sabrás que hay mucho más detrás que te completa.

Los dolores de cabeza me golpeaban día tras día, tanto como para acudir al neurólogo. Me hicieron pruebas hasta que se me diagnóstico jaqueca tensional. Se adueñaron de mí y la medicación fue el remedio.

Tenía la cabeza saturada de obsesiones, que pesan cinco kilos más. La solución era descargarlas, limpiarlas poco a poco. Aunque cambiar es aparentemente difícil, si analizas cuáles son tus puntos débiles y fuertes se alivia el peso para soportarlas.

La clave estaba en bajar la dosis de las preocupaciones, no adelantarse al pensamiento negativo. Y en no perder el mapa de ruta.

Cuando sales del trabajo no debes pensar más en ello; si tienes un familiar enfermo y vas a verle al hospital al salir debes mirar al cielo y relajarte con el azul intenso.

Sentía que los dolores de cabeza perdurarían, que nunca escaparía de aquel bucle tenebroso. Me impedían escribir en el lugar donde era feliz.

Estaba perdiendo «mi cuarto propio», como lo llamaba Virginia Woolf. Profecía autocumplida. Dejé de escribir, casi de respirar, y por tanto de vivir.

Debía encontrar la ventana de mi propio cuarto y volver a abrirla. Pero ¿qué hacer, cuando todas estaban selladas?

11

La pieza emprendedora

«Un emprendedor tiende a morder más de lo que puede digerir, con la esperanza de aprender a digerirlo mientras tanto».

Roy Ash

Cuando era pequeña me subía al tobogán para experimentar la libertad inmensa que se siente en el espacio. Subía despacio las escaleras mirando hacia el suelo con el vértigo que produce saber que estás alejándote de la seguridad que te concede la tierra. Algún adulto me daba la mano hasta lograr que los brazos me colgaran entre las dos asas de hierro oxidado del tobogán. Sentía un pequeño precipicio de sensaciones nuevas en el estómago. Recuerdo el olor a tierra que me impregnaba las piernas y las manos y las ganas de soltar a ese adulto que me sujetaba, buscando la independencia. Quería sentir la libertad.

Iniciada la cuenta atrás, a la de tres soltaba las manos y comenzaba a descender. Si le había dado el sol me ardía y escocía el trasero, pero al llegar abajo volvía a respirar. Sin apenas disnea. Tomaba aire para volver a subir sola y empujaba a todos los de la cola porque quería de nuevo volar.

Esto es lo que debe sentir un emprendedor al montar su propio negocio: ansias de libertad. Habrá días en los que le escocerá el trasero; otros que lloverá y no podrá tirarse por el tobogán; otros en los que caerá en un charco y se embadurnará de barro. Aun así, volverá a subir por la escalera y soltará la mano de ese adulto, en este caso la de la empresa por cuenta ajena. El emprendedor se siente cómodo escurriéndose por el tobogán propio; reconociendo la superficie sabe dónde se producirá la herida. Cuando se sienta seguro continuará en esa zona de confort que conoce, aunque lo hará alcanzando nuevos horizontes. Quizá no suba por las escaleras, quizá trepe hasta las asas del tobogán inspeccionando el columpio.

El emprendedor tiene unas características propias:

- Sus miedos son menores que los del resto de los mortales. Son inconscientes y valientes a partes iguales.
- Son originales y creativos.
- Desean libertad e independencia.
- No entienden trabajar para otros cuando ellos pueden ganar mucho más sin repartir el pastel.
- Son SOÑADORES. Llevan casi todos patines en los pies.
- Tienen iniciativa. Desde pequeños ya se les ve venir. Si no tienen la botibota, la construyen con una cuerda y un corcho. Son inmunes a los cardenales.
- Quieren transformar el mundo. Decía Phil Libin, fundador de Evernote: «Hay muchas malas razones para empezar una empresa. Pero solo hay una buena razón y creo que sabes cuál es: cambiar el mundo».

- No buscan tanto la seguridad como las emociones. Un emprendedor tiene que estar al tanto de todas las tendencias también de la competencia. Lo que se llama *awareness*.

Esto último es importante, pero que no te obsesione. Si vas a montar un negocio, te va a interesar conocer al vecino de al lado, que hace lo mismo que tú. Busca en cada línea de negocio la DIFERENCIACIÓN. La competencia más peligrosa es la indirecta. No notas que está, pero te comerá el terreno. Con un empujón indoloro te lleva de nuevo a comer tierra.

A casi todos nos gustaría ser un emprendedor de éxito. Pero ten cuidado si das pasos grandes, porque puedes caerte del tobogán. Los pasos cortos garantizan tu seguridad.

No busques el éxito rápido. Si llega se esfumará veloz.

Uno de los creadores de las memorias USB y socio director de la firma de inversión Grove Ventures, Dov Moran, reveló sus claves para el emprendimiento en la feria para emprendedores 4YFN. Nacido en 1955 en un pueblo cercano a Tel Aviv, este ingeniero eléctrico pronunció una conferencia bajo el título «Eres un empresario. Ahora la pregunta es: ¿de qué tipo?».

Hay dos claves para conseguir el éxito:

- Positivismo
- Autoexigencia

Estas dos palabras son las asas del tobogán. Si no tenemos una caeremos en picado. La motivación y la ilusión están relacionadas con la CONSTANCIA. Debes visualizarte en constante crecimiento. No puedes pensar que vas a fracasar, porque lo harás. Un emprendedor es perfeccionista y exigente consigo mismo. No puede pensar: «Mañana no iré a trabajar. Me lo tomaré libre, que para eso no tengo jefe».

Los tres primeros son los años que tarda en sostenerse y consolidarse un negocio. No habrá vacaciones, pero créeme: valdrá la pena.

Para mí el carácter de un emprendedor tiene mucho que ver con el de un opositor. En mis últimos años adolescentes había una opositora entre mis amigas. Estudiaba judicatura entre diez y dieciséis horas al día. No salía apenas. Bajaba las persianas de su cuarto y cantaba los temas. Tesón, fortaleza y positividad eran sus cualidades.

A los cinco años de estudiar de forma constante se sacó la oposición de juez y fiscal. Mi tío grabador, como regalo, le hizo las tarjetas de visita de su nuevo cargo. Recuerdo que pasaba un dedo por ellas sintiéndose orgullosa.

Me imagino que durante esos años envidiaría nuestras salidas, de viernes, sábado y domingo. Ella solo se escapaba el sábado por la noche. Eso sí, ese día lo daba todo: se bañaba en vodka con naranja.

Es duro ver que tus amigas siguen saliendo y tú eres diferente. En el fondo, ella era una emprendedora. Seguía un camino atípico y alejado de la juventud.

En la actualidad tiene lo que siempre quiso. Eligió ejercer como juez. Nuestros caminos se diluyeron. La última vez que la vi me la encontré en un semáforo, con su automóvil paralelo al mío, ya sabes, el *vintage*; el de ella, un todoterreno, como su carácter. Nos gustó saber de nuestras vidas. Tenemos pendiente un café de esos que se enfrían con los días. Pero cuando el semáforo se puso en verde recuerdo que la miré por el retrovisor y me sentí orgullosa de su fuerza de voluntad.

Me imagino que en una parte ínfima de su pensamiento sabe que entre todas la ayudamos a que se sacara la oposición. Estar rodeado de buen humor en las luchas guerreras hace los caminos menos pedregosos.

Morán, el inventor del USB, habla del emprendimiento de esta manera: «Quizá será necesario llamar a cien puertas, de las que solo una estará abierta». Él ha destacado que la principal dificultad es que «constantemente los emprendedores se encuentran ante la puerta adecuada, pero no saben acceder a ella».

¡Qué razón tiene! Yo, que me considero una emprendedora en las letras, que he trabajado como autónoma durante un período largo, le doy la razón. En mi campo hay un gran número de personas que quieren ser escritores y que tienen una historia a medias en la cabeza. La diferencia entre ellos y nosotros, los escritores, es la fuerza de voluntad y la ausencia del miedo a fracasar.

La diferencia entre los emprendedores y los que no emprenden es que los unos miran al tobogán con ganas de subirse solos y los otros no corren riesgos.

Te cuento dos casos de emprendedores que creo que vale la pena que conozcas.

ALEA

Esta consulta dietética nace en 2006 apoyada en la fase de creación por la Universidad de Salamanca, prestando servicio de asesoramiento nutricional y dietético *online* en toda España. Actualmente el equipo de ALEA está formado —según las necesidades— por diplomados en nutrición, técnicos en dietética y auxiliares administrativos. El responsable del equipo es Roberto Cabo Moreta, dietista nutricionista, farmacéutico y especialista en nutrición, dietética y dietoterapia. Y María Astudillo, experta en nutrición y planificación dietética, es otra de las almas de esta empresa. Sin ellos, ALEA no hubiera llegado tan lejos.

Su historia comenzó en la universidad. Cuando estaban en la mitad de la licenciatura acordaron compartir la dedicación laboral. Formaban un equipo estupendo juntos («activo y sosegado, arriesgado y cauteloso, juntos estábamos en equilibrio»).

ALEA es una balanza. No existiría sin María ni sin Roberto. Los dos forman un tándem en equilibrio, como la balanza donde pesan los alimentos. Roberto Cabo sabía que tenía que montar una empresa con quien reconociera el relato de García Márquez que a él le gustaba. Mirar al mismo horizonte. Buscaban un proyecto en común y querían moldearlo como arcilla.

«Te reconoceré cuando vea en la calle una mujer que escriba en las paredes: *Ojos de perro azul*».

Y es que para montar un grupo de trabajo y poder vivir de él hay que mirar el mismo atardecer. Si uno prefiere el amanecer va a costar más encajar las piezas del puzle. No queremos fuerzas dominantes ni egos subidos en el camino.

Para ser emprendedor hay que tener ojos de perro azul: humildad y capacidad de escucha hacia tu socio.

Roberto y María habían estudiado las ramas de ciencias y la sanitaria. Sabían que les apasionaba el contacto con las personas. Así que orientaron sus últimos años hacia la nutrición.

Elegir un nombre para una empresa es una de las cosas más difíciles en el camino del emprendedor. Sin embargo, ellos lo tenían muy claro: ALEA. Sonaba musical, energético, que te hace levantarte y pedalear con fuerza e ilusión la bicicleta de la vida.

«Elegimos el nombre de ALEA por ser una palabra latina y por su relación con las palabras»suerte»y»destino». Al cabo de los años vimos que además eran las siglas de lo que nuestra clínica representaba: Alimentación Ligera, Equilibrada y Adaptada a la persona».

Como ya he dicho anteriormente, el miedo paraliza. Uno se asoma, ve el teatro lleno y quiere huir por las escaleras. ALEA en su conjunto no tiene miedo. Trabajar con alguien de confianza da mucha seguridad.

Ellos lo explican muy bien: «Creemos que un emprendedor no tiene miedo. Si uno sabe qué va a hacer y cómo lo va a hacer, sabe con antelación si tendrá éxito o no. Desde que iniciamos la empresa hemos llevado a cabo proyectos muy estudiados que han dado sus frutos, tal como esperábamos, y hemos dejado otros por el camino que no nos llevarían más que a perder tiempo, esfuerzo y dinero. El emprendedor que estudia sus ideas no tiene miedo al fracaso, porque si decide ponerlas en marcha es porque los pros han pesado más en la balanza.»

Eso no quiere decir que el emprendedor no tenga miedo. No hablamos de extraterrestres. Son personas con miedos universales a la pérdida, a la muerte, a la enfermedad, pero con salud saben que podemos enfrentarnos a todo. Por eso ALEA da tanta importancia a la biomedicina. Sabe que gracias a la alimentación uno puede estar equilibrado emocional y físicamente. Obviamente ya deberías saber que gracias a una buena alimentación se evitan todo tipo de enfermedades, como la diabetes o la tensión alta.

Los comienzos de cualquier empresa no son fáciles. Se juntan emoción y nervios desmedidos. Creo que es como cuando yo celebré la fiesta de los treinta años, que quería cuidar hasta el mínimo detalle: canapés, organización, música. Nada puede fallar; incluso hay que controlar al vecino de al lado para que esté tranquilo y animado. Vamos, que si tienes que invitarlo a la fiesta, hazlo. No puedes dejar nada al azar.

«Fueron meses de muchos nervios: había que tomar decisiones (solo teníamos veintitrés y veintiséis años) sobre cosas en las que nunca antes habíamos reparado. Elegir local, elegir cuánto invertir en decoración, en publicidad, qué publicidad hacer, en quién confiar... Siempre recordaremos que no tuvimos más remedio que repartir cerca de veinte mil folletos en los que anunciábamos nuestra clínica, porque la empresa que contratamos para ello fue un desastre y preferimos patear la ciudad y dejarlos en lugares estratégicos. Esos fueron nuestros comienzos: dormir ni tres horas al día para que todo nos diera de sí».

Las siete claves del triunfo

- Esfuerzo. Nada es regalado.
- Ilusión y motivación. Debes jalearte en el inicio y final de la carrera.
- Enfocarte y confiar en otras personas. Las relaciones familiares y sociales son fundamentales para mantener el espacio laboral a flote.
- Optimismo. Nunca tires la toalla. Siempre puedes más.
- Facilidad para las relaciones. Debes ser un *networking* con patas.
- Haz de tu *hobby* una pasión. Manolo Blanik, el arquitecto creador de zapatos dijo que sin diversión no puedes emprender nada. Diviértete. Estás jugando, no trabajando.
- No dejes tus finanzas en manos de otros: gestiona tú.

«El crecimiento comenzó cuando los primeros pacientes sacaron a relucir nuestro nombre en sus conversaciones con amigos y familiares. Es decir, el boca-oreja. Sin duda, esa es la mejor publicidad y el seguro de crecimiento de cualquier empresa. En esa época (aproximadamente el primer año) aprendimos algo valiosísimo: a gestionar nuestra propia tensión. Queríamos que las cosas fueran de película, independizarnos e irnos a un precioso chalé en las afueras, conducir un automóvil seguro y bonito y tener vacaciones cada año. Pero aprendimos que todo eso llega trabajando duro a diario: nada cae del cielo. Aprendimos a ser pacientes y a estar agradecidos por lo poco o mucho de trabajo que tuviéramos cada día».

Como veremos, el emprendedor debe confiar en su entorno y sobre todo tener una mentalidad altruista. Un emprendedor siempre trabaja para otro. Le debe gustar escuchar al otro y poder ayudarle.

«Es lo más gratificante. Puede parecer una frase manida, pero así es. Que una persona que antes era incapaz de levantarse sin ayuda de la cama debido a su obesidad ahora pueda hacer Pilates; que una mujer pueda tener un bebé sin riesgo para su salud porque ha perdido treinta kilos; que el niño al que llamaban "gordito" sea ahora el más rápido en su equipo de fútbol es incomparable a cualquier otra satisfacción».

ALEA tuvo unos comienzos duros, pero nunca han perdido las ganas de seguir dedicándose a lo suyo. Debemos encontrar lo nuestro. Y entonces seremos más felices.

En 2015 llegó lo esperado. La editorial Zenith/Planeta lanzó su primer libro de la dieta Alea al mercado y supuso un aluvión de trabajo. Llegaron entrevistas en prensa, radio y televisión, colaboraciones en medios de comunicación que todavía perduran... Y mucho más trabajo en la clínica de Salamanca y en la web, a través de la consulta en línea. También generó un increíble movimiento en las redes sociales que les dejó impresionados. Todos los pacientes de ALEA comparten recetas y vivencias. Esta pequeña familia que un día empezó con *Ojos de perro azul* se volvió inmensamente grande.

«Ser autónomos nos ha hecho más activos, más eficaces a la hora de tomar decisiones y, sobre todo, nos ha enseñado a valorar mucho más cada logro (desde lo material, como poder comprarnos una novela, a lo más emocional, como recibir el cariño de nuestros pacientes). Creo que ser emprendedores nos ha hecho más felices».

Hace un par de años, cuando estuve con ellos en la Feria del libro, vi que la fila de gente que se agolpaba en su *stand* era inmensa. Llevan cinco ediciones del libro *La dieta Alea*, y lo que les queda. Y es que estos chicos ven cómo día a día los sueños que tuvieron se han vuelto realidad.

Nos dan un último consejo que quiero compartir contigo.

«Que hagan un ejercicio que puede ayudarles a decidir: que anoten los pros y los contras de su idea y valoren todo en conjunto e individualmente. A nosotros nos salieron muchos más pros que contras y por ello repetiríamos en mil vidas esta opción».

CASA GOYO

El segundo caso de éxito que te traigo es una empresa de alquiler de pisos por días. Ahora mismo es un 30 % más rentable para pisos céntricos que con el alquiler tradicional.

Ana y Víctor son dos emprendedores visionarios. Dos empleados de banca con inquietudes que querían aplicar los conocimientos adquiridos en sus estudios, rama de empresas, a ideas que no les supusieran un alto riesgo o una dedicación muy grande, ya que tenían su propio trabajo. Así que todo empezó como un pasatiempo que ha superado todas sus expectativas. Las mejores empresas llegan sin esperarlo.

Su vida se compone de aventura, trabajo y un sinfín de viajes. Esto los mantiene despiertos día a día, conociendo en cada momento las tendencias que se llevan. Ana sin duda podría haber sido decoradora de interiores y Víctor un chamarilero de Khan el Khalili de El Cairo. Los dos se complementan a la perfección.

Como estamos viendo, un tándem en el que ambos pedalean simultáneamente consigue el éxito seguro.

Disponen de un piso en León en la plaza más céntrica, Santo Domingo, que alquilan por días. El emplazamiento sería como la Puerta del Sol en Madrid, donde queda todo el mundo para salir. «¿Dónde quedamos? En el reloj de Santo Domingo».

Me habían hablado muchos turistas de paso de Casa Goyo y la verdad que superó mis expectativas. Para hablar, nada como conocer. Así que, mochila en mano, pasé un fin de semana en León. Tengo familia allí por parte de mi padre y siempre he sabido que es una ciudad acogedora, de buen comer, llena de gente hospitalaria.

La casa está rodeada de los principales monumentos y está en la mejor zona de hostelería. La casa tiene historia: se remonta a 1920, cuando Gregorio Fernández, hombre adinerado, encarga a Manuel Cárdenas un proyecto destinado a viviendas. Tenía ocho plantas, lo que lo convirtió en el edificio más alto de la ciudad de León, después de la catedral. La Casa Goyo fue el primer edificio de León que incorporó ascensor para evitar escaleras (el primer ascensor de España se había construido en Madrid, en 1877). El gobernador decía: «Es la manera de que nos veamos los vecinos a través del ascensor». La modernidad se incorporaba a la ciudad. Santo Domingo era una pequeña población dentro de una ciudad provinciana. El mundo moderno al lado del viejo mundo. Guarnicioneros se mezclan con veterinarios.

El escritor Camilo José Cela pasó mucho tiempo en León, donde vivía su tío Pío, justamente en Casa Goyo. En la calle Padre Isla n.º 2. Tenía veintipocos años. Era un León en guerra, un tanto agitado y disparatado.

Se trata de una vivienda muy bien equipada, exterior, con cinco balcones a la calle, uno de ellos a la plaza. Desde sus amplios ventanales se respiran el trasiego y el gentío de la ciudad.

Los comienzos para los emprendedores son como *flashes* de las máquinas Kodak. El emprendedor capta la luz al instante, el encuadre para ir a por ello.

«Desde que vimos que el piso salió a la venta en Internet hasta que lo reservamos no habían pasado ni seis horas. Tampoco sabíamos muy bien a qué lo íbamos a dedicar, pero su situación y sus grandes ventanales nos hicieron decidirnos. Este piso, en la época alta de especulación inmobiliaria no nos lo hubiéramos podido permitir, pero echamos unas cuentas rápidas y vimos que con un alquiler aproximado al de la zona podríamos pagar la hipoteca».

Ana y Víctor aprovecharon el momento álgido de crisis para emprender un sueño. Para algunos serían un tanto inconscientes, para otros unos emprendedores de éxito. De la inconsciencia al emprendimiento hay una línea muy fina.

«La idea vino después; era un piso tan bonito que queríamos disfrutar de él, nos daba pena alquilarlo, así que pensamos que si lo alquilábamos por días podríamos disfrutarlo tanto nosotros como con amigos y familiares cuando quisiéramos, la emergente economía colaborativa nos lo permitía. A través de diversas aplicaciones quizá pudiéramos hacerlo».

«Después de darle vueltas decidimos hacerle alguna reforma, ya que se trata de un edificio de 1925 y lo reformamos a nuestro gusto, muy modernito y funcional, pero eso sí, tenía que ser cómodo y que se percibiera la limpieza. A la vez aprovechamos para incluir otro de nuestros pasatiempos: las antigüedades; acaparar cosas que encontramos en mercadillos; de este modo tendríamos donde almacenarlas y otros las podrían disfrutar».

Cuando llegué al portal me llamaron la atención el suelo de mármol, el ascensor antiguo, similar al que accedía cuando era pequeña para ir a casa de mi médico, don Teodoro. Al llegar descubrí un portalón grande y luminoso, y al abrirlo me encontré con una decoración moderna, mezcla de *vintage* y arte puntero. Pavimentos y decoración con gusto y cuidado. Me llamó la atención la vitrina de médico del salón. Amplios ventanales por los que se cuela León.

Ofrecen servicio de hotel completo, incluido el desayuno, y hasta el más mínimo detalle. Desde luego, unos emprendedores de éxito con mucho gusto.

«Lo compramos en septiembre y en diciembre ya estaba alquilado».

Para ponerlo en marcha Ana y Víctor necesitaron lo siguiente:

- Una inversión inicial. Fue preciso contar con unos ahorros.
- Una hipoteca. Sin la ayuda del banco no hubiese sido posible llevar a cabo el proyecto.
- Inquietud y muchas ganas de ocupar la mente en una cosa más. Puede dar dolores de cabeza, pero no hay ganancia si no se arriesga.
- Estar al tanto de la moda y las necesidades de los clientes potenciales, qué demandarán y ponerlo a su gusto. El turismo en León, con la llegada del AVE, ha crecido y eso ha ayudado. Cada vez son más los grupos que se acercan a conocer las tapas y la oferta cultural.

- Invertir tiempo en investigar la normativa sobre las viviendas de uso turístico; hay que estar al tanto constantemente.
- Al principio dedicar tiempo para incluirlo en plataformas, en este caso en Airbnb.
- Estar pendiente en el día a día de las nuevas reservas y de que los clientes se sientan atendidos.

«Una de las ideas principales sobre nuestro proyecto es que buscamos la excelencia, queremos un lugar de calidad aunque el precio sea superior a la media y queremos que la persona que hace la reserva quede bien ante el grupo con el que viaja, que no les falte nada. Por eso ofrecemos todo lo que nos gustaría recibir a nosotros: limpieza, ropa blanca, buenos colchones, varios tipos de almohadas, desayuno, champú y gel y, por supuesto, para las mujeres... un secador, imprescindible. Como añadido tenemos también grandes televisiones planas en las habitaciones y en el salón».

«Lo que hemos percibido es que, si cuidas al huésped, el huésped te trata bien, te deja el piso en perfecto estado; hasta el momento tenemos críticas excelentes y no hemos tenido ninguna incidencia, da gusto ver cómo dejan el piso».

«Nos gratifican mucho de esta aventura los comentarios, hasta el momento todos positivos; ya somos "Superhost 5 estrellas" y eso nos enorgullece, ver que gusta lo que hacemos. Hablar con nuestros huéspedes, que vienen de diferentes lugares, aprender sobre lo que les gusta y lo que necesitan; tanto es así que de las ideas que nos dan es posible que salga algún otro proyecto... No parar de aprender. Cada vez que entra una reserva es una satisfacción. ¿Quién vendrá?».

Ana y Víctor van pagando con los ingresos la hipoteca.

«Lo bueno de esta forma de explotación del piso es que si la cosa se pone muy difícil siempre se puede dedicar a un alquiler más duradero con mínimos cambios y, en el caso extremo de tener que venderlo, no esperamos una pérdida importante de valor, dados su situación en pleno centro y el valor histórico del edificio».

Ya sabes, si quieres conocer León y disfrutar de este proyecto maravilloso, los puedes encontrar en el portal Airbnb en Casa Goyo.

Las piezas extras

«La vida no tiene más limitaciones que las que uno se ponga a sí mismo».

Les Brown

Las ventanas estaban selladas. Después de conocer y estudiar los casos de éxito de emprendedores comencé a cambiar mi mente. Aprendí que moviéndote en diferentes campos interactúas con gente nueva que te aporta otras oportunidades. La clave está en no quedarse en casa. Dicen que Juan Ramón Jiménez no salía de casa y que el día que salió construyó el jardín en la residencia de estudiantes y conoció a Zenobia Camprubí. El movimiento está dentro de ti; una vez agitado debe exteriorizarse.

Así que, si estás pasando una mala época, ponte el chándal y sal a correr. Suda, haz kilómetros.

Todo lo que me hizo daño, lo que me hizo abandonar el arte de escribir, quedó enterrado como un mal recuerdo. Comencé a florecer, a soñar, la noche se hizo día. Hay días que cuando uno se va a la cama lo hace fundido en negro, como en una película. A veces los rayos de sol atraviesan tu interior y comienzas a brillar como no lo habías hecho antes.

Tenía dos posibilidades: echar currículos y entrar de nuevo en el bucle de la nada o crear nuevos caminos.

Elegí la segunda opción.

¿Qué te reporta hacer cosas distintas?

- Si caminas por otros lugares, consigues resultados diferentes.
- Evades el aburrimiento y la ansiedad.
- Adquieres fortaleza.
- Aumentas tu autoestima. Es un orgullo ver crecer a una nueva persona dentro de ti.
- Creas nuevas estructuras neuronales.
- Potencias la creatividad.
- Creces como persona.
- VIVES.

Revisé los cursos que había hecho en el pasado, desde guion, pasando por cocina, Bollywood, claqué, hasta *marketing*. Todo sirve en esta vida. Todo. Nunca lo olvides.

Cuando elijas un curso, no lo hagas solo por encontrar trabajo, sino para llenar tu vida de experiencias. Elige cursos que activen tu mente. Cuando está relajada trabaja hacia las líneas que encuentras a tu paso.

La temporada en la que bailé Bollywood fui a festivales, conocí a mucha gente, aprendí a ponerme un sari, me abrí al mundo. Escribí mucho mejor, quise mejor y trabajé mejor. Estaba equilibrada emocional, física y mentalmente. Y cuando uno está así atrae positividad. No solo para uno mismo, sino que generas verdadera atracción en los demás.

Por eso es importante estar a pleno rendimiento en la búsqueda de empleo. El deporte es un arma potente; desde hace años nado y practico yoga, concretamente kundalini, que no solo asienta los chacras, sino que fomenta la estabilidad emocional y facilita la fortaleza física y mental para emprender nuevos retos.

Y llegué hasta a recibir un curso de doblaje. Estudié durante dos años porque una de mis jefas me aseguró que tenía una voz musical y diferente.

—¿No te lo has planteado nunca? —me dijo en la fotocopiadora.

Nunca me lo había planteado hasta que me encontré con ella. Hice algo impensable, nuevo, que me reportó muchas cosas más adelante, pero que en ese momento vi como una pérdida de tiempo. «Otro curso más», pensé.

Lie a una amiga de la facultad y todos los martes y jueves doblábamos *takes* (trozos de película), desde *Shrek* hasta *Cuando Harry encontró a Sally*. Puedo afirmar que es más violento que cocinar con desconocidos. Fingir un orgasmo con un chico al que no conoces de nada y estar los dos gritando como posesos en una cabina provoca risa y espanto. Pero gracias a eso he podido dar charlas en público sobre literatura, hacer presentaciones de libros, hablar en juntas de socios... Los nervios se han ido disipando cada vez que he acudido a una entrevista en televisión, quizá gracias a Sally, porque todas alguna vez hemos pensado «yo quería tomar lo mismo que ella».

La primera vez que fui a televisión tenía unos treinta y tres años. Me llamaron de Telemadrid para hablar sobre *39 cafés y un desayuno*. Me quise morir. Por supuesto, sabía que me harían la pregunta del millón, esa con la que siempre machacan a los escritores: «¿Es tu historia? ¿Eres Martina?».

Recuerdo que nada más entrar en la redacción me abordó la chica del tiempo. Guapa, simpática y entusiasmada con el libro. Al darme la vuelta, me estaba esperando Jota Abril, el presentador, que curiosamente fue compañero de carrera. Era el supermán del CEU (Universidad San Pablo). Ni se acordaba de mí, obviamente porque no pertenecía a la *beautiful people*, un grupo selecto de chicas monas sobradamente preparadas.

Desde luego, conocer al periodista fue tranquilizador, porque para mi primera entrevista que una pieza del puzle fuera conocida me calmaba los nervios. Jota fue un profesional y me dio muchísima seguridad. Una entrevista inolvidable por ser la primera que hice en mi vida en directo delante de las cámaras.

Más tarde, uno de mis amigos, gerente en la compañía telefónica Jazztel, me animó a presentarme a un *casting* para un anuncio de su empresa. En este caso conocí el mundo publicitario por dentro. Bien remunerada por el trabajo de unas horas e ilusionada me llevaron a la sierra de Madrid, donde el equipo había alquilado una casa unos días para rodar el anuncio. La familia que vivía allí estaba terminando de desayunar, y obligados a irse inmediatamente empezaron los preparativos.

Otra pieza extra que puede ser de gran utilidad es obtener rentabilidad de la vivienda en la que vives o que tienes. Se puede alquilar por días para compañías de publicidad y *marketing*. Hay piezas extra que a veces desconocemos.

Antonio, 54 años, procurador, en sus ratos libres es un enamorado de la decoración y de las antigüedades. Él mueve sus piezas extras en eBay: compra miniaturas de retratos procedentes de Francia y Alemania. Pintadas sobre marfil, en algunas ocasiones la parte de atrás del marco guarda el cabello de los retratados.

—Las que tienen el marco en forma de piña sé que son inglesas; esas triplicarán el valor en el mercado. Las de cera también se cotizan mucho.

—Cuando las compras, ¿qué haces con ellas?

—Algunas me las quedo. Me encanta coleccionarlas, pero con las otras me saco un dinero extra. Las restauro y las revendo en casas de subastas tipo Durán o Ansorena.

Me encanta el ingenio de la gente. La cabeza en continua ebullición.

—Mira, esta vale ciento veinte libras, solo le queda un día para que termine la puja. He puesto un aviso por si baja el valor.

En eBay se puja como en una subasta real; compites con otros clientes o compras directamente a un precio fijo.

—¿Has probado en Wallapop?

—Allí me muevo menos. Se vende ropa, objetos. Lo veo más para gente joven. Hace siete años también vendí algún objeto que tenía en el trastero, alguna figura de Lladró que era de mi madre o algún que otro cuadro que en el Rastro no quisieron comprar, pero que una vez publicado en Milanuncios, Segundamano o Tablón de anuncios se vende rápidamente.

A mi tío y a algún amigo los he ayudado con contratos de alquiler para garajes o apartamentos. Creo que hay un sinfín de posibilidades esperándonos. En Estados Unidos la compraventa es más común; aquí, sin embargo, todos parecemos hámsteres moviéndonos en la misma rueda.

En el fondo creo que tengo alma de chatarrera emprendedora, aunque al finalizar los estudios la actitud y los objetivos sean más obtusos.

Cuando uno ha pasado por el mismo sitio una y otra vez, ha contado las mismas piedras, ha hecho autostop y visto el mismo automóvil que no para nunca, comienza a idear caminos para encontrar trabajo.

Aquí te dejo caminos diferentes. He pasado por alguno y otros los conozco porque he visto pasar a otros por ellos. Un requisito fundamental para empezar a vender tus trabajos al exterior es abrirte una cuenta con PayPal. Va asociada a tu correo electrónico.

PayPal es un método seguro para realizar pagos y transferencias de dinero porque usa tecnología de codificación SSL de 128 bits para proteger la información confidencial y el destinatario nunca recibe datos como el número de tarjeta o cuenta bancaria ni información personal. El dinero que ganas te llega a la cuenta PayPal y luego lo retiras hacia tu cuenta bancaria.

Ventajas de PayPal para los compradores

- Servicio gratuito, sin comisiones ni cuotas.
- Solo necesitan poner su dirección de correo electrónico y una contraseña para efectuar los pagos.
- No tienen que introducir los datos de su tarjeta en cada compra.

Ventajas de PayPal para los vendedores

- No tiene costes de alta, mantenimiento o cancelación.
- Control de todas las ventas y acceso al historial de transacciones desde una sola cuenta.
- Puede aceptar pagos con tarjeta, por transferencia bancaria o con saldo de PayPal con total seguridad.

Todas estas páginas se llevan un porcentaje de tus ventas; algunas más y otras menos. Igual que Amazon. Pero antes de ponerte de malhumor, piensa que gracias a esas plataformas puedes contactar con clientes que de otra manera hubiera sido imposible. Todo es una cadena de favores.

Fiverr es una página estadounidense a través de la cual puedes vender lo que creas que haces bien. Realizas trabajos independientes para otros: corrección de libros, de relatos, de notas de prensa o bien haces logos para empresas o compones canciones para cumpleaños. Hay diferentes categorías; también puedes posicionar webs o hacer una caricatura del cliente.

Puedes vender o comprar todo tipo de servicios con los llamados *gigs* de cinco dólares. Una vez vi un anuncio de lo más peculiar: una chica que por un *fiver,* billete de cinco dólares, escuchaba tus problemas. Miré su perfil y tenía una larga lista de clientes.

No solo tienes la posibilidad de que te busquen, sino que tienes un foro con todas las categorías desde el que puedes salir en busca de clientes.

Llevo dos años inscrita en Fiverr; me dedico a locutar. ¿Te acuerdas de ese curso que una vez pensé que parecía una pérdida de tiempo, doblaje? Pues gracias a mi voz he encontrado trabajo. Grabo para contestadores automáticos de todo tipo en los sectores farmacéutico, industrial o textil. Mi voz debe de estar en todas las tiendas: he trabajado para Amichi, para empresas de *marketing* y de publicidad en los audios en *off* de los vídeos corporativos. De hecho, tengo una lista de clientes fijos que me llaman para seguir dando voz a sus empresas.

Páginas *freelance*

Algunas estadísticas dicen que en el año 2020, tan pronto, el 50 % de la mano de obra serán autónomos. Muchos acceden a ello buscando la libertad; otros porque en los portales de empleo se mueven siempre las mismas ofertas. En el libro de gestión empresarial *The Age of Unreason* Charles Handy se refiere a la reorganización de las carreras como carteras llenas de puestos de trabajo.

Se acabará aquel puesto de trabajo tipo funcionariado en el que te pasabas el resto de la vida. Todo está en constante movimiento, y más con la que se nos viene encima: telemática y robótica. El trabajo tiende a ser digital, remoto (en la propia casa).

Recuerda que tienes que pagar las facturas de la luz y del agua: busca en más lugares.

Anúnciate en Fiverr, pero también en otras de *freelancers*:

- **Upwork:** más de un millón y medio de personas están en esta página. Puedes trabajar a medio y largo plazo en cualquier parte del mundo.
- **Freelancer:** hace concursos para competir con otros *freelancers*. Se potencia la visibilidad.
- **99designs:** se concentran los diseñadores *cool* de todo el mundo.
- **SimplyHired:** desde vendedores a trabajadores de la construcción.
- **Lowpost:** he trabajado cierto tiempo redactando artículos para empresas de publicidad y *marketing*. La mayoría de las agencias no dan abasto en llenar de contenido las webs de sus clientes. Cuanto más contenido, más tráfico de visitas y mejor posicionamiento. Eliges cuándo quieres tu trabajo. Hay margen de tiempo.
- **Peopleperhour:** para diseñadores SEO especialistas en *marketing* sobre todo.
- **Demand Media:** para guionistas y fotógrafos.

Vender fotos

No te sientes buen fotógrafo. Hiciste alguna foto que otra, pero no te crees un profesional. No hace falta. Sube tu catálogo de fotos.

Las empresas no se la juegan: tienen que comprar siempre fotos en Pexels o en Pixabay porque no quieren que Google o sus clientes les penalicen. Es el llamado *microstock* a través de bancos de imágenes.

Las fotografías que más se venden son las relacionadas con negocios: gente saliendo de la oficina, dando conferencias, etc. Les siguen las de bebés, comida, tatuajes y las de fondos y texturas. Si te gusta la fotografía no pierdas el tiempo subiéndolas solo a Instagram.

Lugares a los que puedes subir tu catálogo de fotografías y empezar a ganar dinero:

- **Fotolia:** es una de las más conocidas. El valor depende del tamaño de la foto.
- **iStockphoto:** por cada foto que logres vender obtendrás el 20 % del precio de venta y podrás subir hasta el 40 % si eres cliente exclusivo del sitio.
- **Dreamstime:** esta agencia es una de las que mayores beneficios te hará obtener a la hora de vender tus fotografías: paga excelentes comisiones (50 %) por cada fotografía vendida.
- **BigStockPhoto:** Crea catálogos en línea para vender tus fotografías en pocos minutos.

Poner anuncios gratis en Milanuncios, Segundamano, Tablón de anuncios

Sueles buscar las ofertas de empleo por Internet, así que también debes poner anuncios sobre lo que buscas. Yo lo he hecho y funciona. Me ofrecí en varias ocasiones como *community manager* en Milanuncios. Una vez me contrató un grupo de *rock* que no sabía nada de redes sociales. Eran buenos y no querían perder el tiempo posicionándose. En otra ocasión tuve una experiencia regular: una empresa de muebles de decoración buscaba una *community manager*. Envié mi currículo y a los veinte minutos me llamó un tipo de los de puro, café y copa, es decir, un jefe recalcitrante.

—Me gusta tu currículo. Es extraño.

«Mal empezamos», pensé. El tipo no había leído bien la letra pequeña, se había quedado en lo superficial. Mi currículo era superior para ese tipo de empresa, y en vez de valorarlo, solo decía:

—Busco una chica de media jornada. De esas casadas que quieren un trabajito y no complicarse la vida.

Atención al machismo latente, como si todas las casadas quisieran ser amas de casa y mantenidas. Hice como que no lo oí. Pero cada frase superaba a la anterior.

—Pago 400 euros por seis horas. Eso sí, la paga de Navidad es un jamón.

De pronto mi cabeza retornó a los años setenta, a la película. No podía oír algo tan decadente y surrealista.

La desesperación me pudo: quería volver al campo de batalla, aunque aprendí que no a cualquier precio. Le dije que sí, pero dos minutos más tarde lo llamé para decirle que no. Yo me merecía algo más.

He visto anuncios de todo tipo, incluso de un escritor que buscaba una bibliógrafa para trabajar en equipo. Aquí hay que saber leer entre líneas: se pueden colar anuncios que solicitan compañía; eso sí, la mayoría son serios. Son empresas pequeñas, y si estás especializada en contabilidad y administración esto es el paraíso. No hay mucha gente buscando y suelen llamar rápido. Si das con el tipo del jamón dile que me guarde un trocito para Navidad.

Afiliaciones

Crea una página web y aumenta tus visitas. En un lateral pon enlaces a diferentes empresas para que compren a través de ti. En mi caso utilicé la empresa Amazon, desde donde colgué varios enlaces. El programa de afiliados de Amazon permite a las páginas web crear enlaces y ganar comisiones por cualquier venta generada a través de estos enlaces.

Proporcionarás a tus usuarios la seguridad de realizar sus compras en una página web de confianza y cuando lo hagan ganarás entre un 3 % y un 10 % en comisiones por venta generada.

Crear una *app*

Muchas personas están creando *apps* y ayudando a diferentes comunidades a hacernos la vida algo más fácil.

Es el caso de unos chicos valencianos que han desarrollado una *app* para los enfermos de alhzéimer. Inviare persigue fomentar el cuidado de los afectados por esta enfermedad neurodegenerativa que desgraciadamente suma más de cuarenta y siete millones de personas en todo el mundo. Estimula su capacidad cognitiva.

Hay otras *apps* curiosas, como la llamada Nanas Mini, que sirve para dormir al bebé con el sonido del motor de un automóvil. Ruidos que se convierten en nanas para tu pequeño.

InkHunter es una *app* de realidad aumentada con la que es posible diseñar y probar cómo va a quedar un tatuaje antes de hacérselo.

Un nuevo avance tecnológico permite que, a través de una sonda portátil conectada a un teléfono móvil o a una tableta, se estudie el corazón de un paciente para hacer un diagnóstico rápido y certero en cualquier momento y lugar de una posible patología cardiaca.

Una que me ha llamado mucho la atención es la llamada Bala de plata. Nos tragamos una cápsula que desde el interior del cuerpo humano facilita información a una *app* sobre el estado de esa persona. La película de *El chip prodigioso* ya no es ficción, es una realidad.

Te dejo dos sitios en los que puedes crear una *app*: Mobincube y Octopusapps.

Coaching en línea

Conozco a muchos profesionales del *coaching* (persona que te ayuda a conocerte mejor y a sacarte todo tu potencial tanto profesional como personal a través del autoconocimiento). Una hora de Skype suele costar entre sesenta y ochenta euros.

Wedding Planner

No dejes tu boda a la intuición. Hay personas que te ayudan a organizar el evento sin dejar un mínimo detalle al azar. Estudian el número de invitados, la pareja, presupuestos y fechas y te presentan un proyecto con miles de alternativas.

Podcasting

El *podcast* es un medio de comunicación que consiste en publicar ficheros mp3 en los que el autor habla sobre un tema, hace entrevistas, publica música, etc.

Si no podemos verlos u oírlos en directo, generalmente los archivos mp3 están disponibles para descargar y los podemos escuchar desde un reproductor cualquiera. La publicidad de empresas vuelve a entrar en juego.

Crear una *newsletter*

Es la mejor manera de crear tráfico a nuestro sitio web y fidelizarlo. Una *newsletter* es un periódico digital que envías mensual o bimensualmente a los seguidores que se han suscrito a tu blog. De esta forma, si tienes que lanzar un producto, con un solo clic le llega la publicidad a todos y pueden realizar la compra en ese mismo instante. Si tus seguidores confían en ti y te respetan, aceptarán de buena gana suscribirse a tu *newsletter* siempre y cuando la utilices correctamente. Te recomiendo Mailchimp, que tiene plantillas profesionales e incluso puedes exportar html. Su uso es muy intuitivo.

Crear tu propio diseño

7 de Bloomsbury es la marca de Olga Herranz, diseñadora gráfica y rediseñadora de objetos encontrados de profesión y por vocación. Lo que empezó como una actividad aislada se ha convertido en su trabajo. Encuentra en los premios la forma de dar visibilidad a sus diseños.

Ganadora de varios concursos, quedó finalista en la convocatoria cultural nacional de carteles de Caja Madrid 2002 con el cartel «¡Precaución!».

Entre otros, en 2008 obtuvo el primer premio con «Péscate un buen regalo», cartel para la Muestra de Arte y Artesanía de la comunidad de Madrid, y en junio de 2016 ganó el primer premio del concurso de carteles de la XXII Mostra de *Jazz* de Tortosa.

A lo largo de su trayectoria ha colaborado con diferentes entidades, como para «Sanar Madrid», actividad enmarcada en la Noche en Blanco de 2009 de la mano del artista Aitor Saraiba. En aquella ocasión también participé para emplear el arte como herramienta de comunicación entre personas: terapia a través del dibujo.

En la primavera de 2010 Olga Herranz fundó 7 de Bloomsbury, estudio-taller dedicado a la comunicación gráfica y al rediseño de objetos cotidianos que han perdido su utilidad inicial y que adquieren una nueva vida al convertirlas en piezas únicas y originales.

Desde ese año trabajó reutilizando gafas desechadas para transformarlas en originales complementos. La variedad de diseños y las múltiples variaciones de las lentes hacen que cada pieza sea única. Me gusta cómo usa el concepto de lente, pues es un símbolo muy apropiado para representar nuestra mirada al mundo, ya que cada uno construimos nuestro universo sobre la base de nuestra interpretación vital.

«Comenzar a trabajar con lentes fue mera casualidad. Durante la década de los setenta mi padre se ganaba la vida trabajando en el sector óptico. En los noventa, cansado de la vida urbana e impulsado por el amor a la naturaleza, decidió irse a vivir al campo y dedicarse a la cerámica. Guardó unas cuantas lentes defectuosas de aquella época... y un día las encontré por casualidad. Emocionada, comencé a hacer un montón de pruebas hasta que di con un resultado que me gustó y comencé a reproducir. Tal fue el éxito de las piezas que comencé a reciclar pesetas y antiguas esferas de reloj».

En 2015 comenzó una nueva aventura artística con Yure Roque: la nueva línea «*Upcycled*», que fusiona música y reciclaje. Desde entonces, 7 de Bloomsbury se enriquece con un equipo excelente que aúna técnica, precisión y mucho talento. Olga finalizó nuestra amena charla diciendo: «La mítica frase de Walt Disney: "Si puedes soñarlo, puedes hacerlo" define nuestro modo de trabajar. Estamos convencidas de que no hay mejor campaña de comunicación que el propio trabajo y la satisfacción de hacerlo bien».

Elaboración de cursos en línea

Si te gusta la enseñanza por Internet puedes subir un curso a plataformas de aprendizaje como Tutellus o Udemy para tener tus propios alumnos. También puedes compartir los cursos de otros usuarios y ganar dinero como afiliado.

Conviértete en *youtuber*

Hace ya varios años llegó a nuestras vidas YouTube. Empezamos a absorber información de otra forma. La manera de leer y ver noticias ha cambiado mucho. Ahora cuesta un poco más leer *Guerra y paz* y ver programas de más de treinta minutos. El público quiere información rápida, distendida y con voces alegres. Busca el impacto informativo. Los *youtubers* son esas personas que suben vídeos divertidos para enseñarte a maquillarte o ligar.

Tendrás un público muy variado. Las últimas estadísticas establecen que:

- El público objetivo está entre los 18 y los 34 años.
- Los consumidores de vídeos son un 59 % de hombres frente al 41 % de mujeres.
- Más del 50 % de las madres españolas afirma utilizar You-Tube y se convierte en una audiencia constante y fiel. Los canales de madres y consejos se ven muchísimo.

Sin duda, uno de los casos de éxito en YouTube y que he conocido gracias a mi trabajo en el sector de telecomunicaciones es la historia de David Calle. Medio millón de alumnos siguen los vídeos de este madrileño, que resuelve dudas de matemáticas, física y tecnología. David Calle, ingeniero de telecomunicaciones, terminó su trabajo en el año 2006 en la operadora Xfera. En lugar de derrumbarse encontró una salida. Se reinventó. Decidió ganar algo de dinero mientras no encontrara trabajo.

Volvió a la academia en la que había dado clases particulares en su época de estudiante. Pero estas clases se quedaban cortas y tenía que grabar vídeos en casa para subirlos. Algunos alumnos tenían que dejar la academia porque sus padres se quedaban en paro. Otros estaban desmotivados. David abrió su mente y encontró un plan estupendo: hacer vídeos caseros para que todos tuvieran acceso a la educación. Esos vídeos se han vuelto virales.

Sus seguidores comenzaron a aprobar y sentirse verdaderamente orgullosos. Ganaron confianza con David Calle, que dejó de ser un parado más a convertirse en el mejor profesor del mundo. Sus alumnos lo han colocado como uno de los finalistas para el Premio Nobel de profesores. Él es el único español. Siento orgullo patrio de él. De ahí que me decidiera a escribirle por LinkedIn y me encontrara con un ser cercano y generoso.

«Yo lo que no quiero es que se rindan. Son demasiado jóvenes para encajar el fracaso». David Calle no está solo, trabaja con profesores e ingenieros altruistas. Sin embargo, le cuesta encontrar patrocinadores. Y es que parece que el saber no vende. Aun así, el público le respalda, la audiencia lo ha elegido. Con él hemos aprendido a amar las derivadas y las integrales. David Calle cuelga en las webs Unicoos y en YouTube y sus vídeos han sido vistos por más de treinta millones de personas. Ya cuenta con setecientos mil suscriptores y dos millones de visitas al mes.

David utiliza pizarra y pasión. En su buhardilla teje sueños para un mundo de chavales que confían en él. Ha conseguido ganar la confianza con trabajo, esfuerzo e ilusión.

David no es un caso aislado, tú puedes seguir su estela. Solo tienes que pensar en el otro para conseguirlo.

Solo una pieza más

«Toda persona tiene capacidad para cambiarse a sí misma».
Albert Ellis

Los puzles tienen su origen en los mapas. El primer puzle de la historia fue un mapa. Lo creó John Spilsbury, aprendiz de geógrafo de la corona inglesa, a finales del siglo XVII porque deseaba que los niños aprendieran geografía. Así que construyó un puzle de madera serrando cada reino y lo puso sobre un soporte también de madera.

Pronto empezó a comercializar su idea. Los padres de la sociedad inglesa compraban puzles de diferentes zonas de Europa, no solo Inglaterra, Escocia o Gales, y de América, Asia y África.

En 1820 los puzles se dirigieron al público adulto. Dejaron de llamarse «disecciones», que así se les conocía, para pasar a llamarse *whatami* (*What am I?*, «*¿Qué soy?*»). Cuando Spilsbury falleció, la industria de los puzles la retomó su ayudante, Harry Ashby, y su viuda. Los dos montaron una empresa y el negocio creció considerablemente.

La época de esplendor fue en los años veinte, durante la Gran Depresión. El puzle sirvió para que las personas, sumidas en una gran crisis emocional y económica, evadieran sus mentes.

Como ya he afirmado, la evasión es necesaria para despejar las preocupaciones. Sin duda, nuestras cabezas son puzles mal construidos. Las piezas, revueltas en nuestro cerebro, buscan una solución; probablemente, si viéramos la vida como un juego entenderíamos cómo vivirla. El día que te sientas frente a la ventana, miras al cielo y ves que pasa volando una miríada de pájaros, vuelves a la mesa, donde están arremolinadas las piezas del puzle, y gritas:

—Solo una pieza más.

Ya no hay horarios, ni cenas, ni comidas. Solo quieres colocar la última pieza para sentirte satisfecho de tu trabajo.

Siéntate en el sillón orejero de nuevo y practica *mindfulness*.

El equipo de investigadores liderado por Elizabeth A. Hoge, profesora del departamento de Psiquiatría del centro médico de la Universidad de Georgetown, comprobó que la reacción inflamatoria y la liberación de hormonas asociadas a episodios de estrés se reducía de forma notable en pacientes afectados por trastornos de ansiedad después de un curso de meditación *mindfulness*. En cambio, los pacientes que no recibieron el curso empeoraron.

El trabajo genera mucho estrés, pero la falta de él también te lleva a un gran desasosiego. Una palabra tan minúscula como *mindfulness* lo abarca todo. Es una práctica sencilla, pero que debemos hacer todos los días. En mi caso tengo una escoliosis de más de cuarenta grados. Llevé aparato en mi adolescencia, un amasijo de hierros llamado como un estado de Estados Unidos, Milwaukee. Mi espalda parecía el Jarama, llena de curvas. Al contrario de lo que podría parecer, soportar con paciencia un aparato que se te clava en la espalda al hacer cualquier movimiento creó en mí una fuerza de voluntad a prueba de bombas que me ha servido para saltar los obstáculos que me he ido encontrando hasta ahora.

He sufrido dolores por este problema durante años. Dolores que pensaba que se acabarían con una pastilla mágica, igual que creía que el trabajo llamaría a la puerta de mi casa. **Soñamos sin esfuerzo.**

Seguro que a estas alturas sabes que lo *más im*portante requiere esfuerzo. Bajar los niveles de estrés conlleva una gran lucha interna. De la misma forma que tengo que hacer una tabla de estiramientos en casa todos los días, que compatibilizo con clases de Pilates y con natación, he incorporado el *mindfulness* a mi vida. Mi tabla mental de ejercicios, diría yo.

Se trata de saber en cada momento lo que estás pensando, sintiendo, y lo que está experimentando tu cuerpo. De respirar momentos de la vida y saber desconectar cuando cerramos la ventana.

Sin el *mindfulness* somos víctimas de nuestros hábitos. Se trata de buscar calidad emocional. Una compasión hacia ti mismo y hacia los demás.

Aquí te dejo algunas prácticas caseras de *mindfulness*:

> **Medita** cinco minutos al día: la práctica de la meditación ayuda a prevenir el deterioro cerebral a medida que envejecemos.
>
> **Observa conscientemente:** elige un bolígrafo o una cuchara, o mejor una pieza de puzle, y observa su troquelado. Encaja las salidas en las entradas de la otra pieza, escucha el ruido que hacen. Mira si la pieza que tienes en tus manos es parte de un río o si tiene las puntas de un árbol frondoso.
>
> **Escucha música relajante:** hace muchos años me compré un CD con el sonido del mar. Una voz susurrante me animaba a ir a la playa. Primero mojarme las puntas de los pies,

más tarde el pelo. A veces acumulaba tanta tensión que corría a la playa y me tiraba de golpe. No te enfades contigo.

Escucha tus pensamientos: deja que pasen, siéntelos, deja que se metan dentro de ti y que vuelvan a salir por la ventana. Los pensamientos son como pájaros que se posan en ramas: no siempre van a estar ahí. Enséñales a volar.

Con yoga y terapia logré estabilizarme. Ahora tocaba volver a la vida laboral, pero no sabía por dónde empezar. Sabía que mi mapa de ruta tenía que ser completamente nuevo. Tenía que empezar a hacer cosas distintas para encontrar trabajo: ponerme al *día de* los portales de empleo y, por qué no, saber delegar. Al igual que los escritores que tienen agentes literarios para mover sus obras. Yo empecé por las empresas de trabajo temporal. Creo que a ellas llega un tipo de trabajo diferente. Y como ellas se llevan una parte de tu sueldo, yo sabía que iban a luchar por mí.

Las empresas de trabajo temporal se han colocado en el centro del mercado laboral. Tres de cada diez contratos firmados en 2017 fueron suscritos en el sector servicios y duraron menos de un mes. Del total de contrataciones en el mismo período, 1,2 millones fueron indefinidos y 19,5 millones temporales. De estos, el 37,8 % tuvieron una duración inferior a un mes.

Estas son las empresas de trabajo temporal más importantes en España:

- **Randstad:** en España cuenta con representación en todas las comunidades autónomas con una red de más de trescientas oficinas.
- **Adecco:** ofrece servicios de empleo temporal, empleo fijo, externalización de servicios, consultoría y recolocación.

- **Flexiplan:** especializada en *telemarketing* y en limpieza.
- **Manpower:** a través de sus casi cuatro mil oficinas y gracias a sus cerca de treinta mil empleados genera más de cuatro millones de contratos a sus afiliados cada año.

Yo llamé a una de esas puertas, en concreto a Manpower. Mi contacto intermedio fue la plataforma InfoJobs. Sabía que sería algo pasajero antes de encontrar una nueva piscina en la que zambullirme. Como en cualquier entrenamiento, debía nadar unos largos para entrar en calor. El mundo del *telemarketing* me daría la fuerza necesaria para continuar buscando otros puestos de trabajo.

Al día siguiente la empresa contactó conmigo y a los dos días ya estaba trabajando en el Banco Santander como gestor bancario. Esta vez hice tres semanas de formación intensiva. Mi experiencia anterior palió los efectos secundarios de la vuelta. Ahora ni las acciones ni los dividendos me sonaban a chino. Ni siquiera los fondos de inversión. Y es que nada como andar de nuevo el camino: reconoces los árboles e incluso las chinas que te encuentras en las zapatillas. Después de muchos años de inactividad necesitas entrar de nuevo en el mundo laboral de una manera suave e indolora.

En el pasado había trabajado durante años en una puntocom. Mi jefe se llamaba Juan Riera Pol, un niño prodigio de once años, el programador más joven de España. Fundó varias empresas que hilaba desde Manacor. Todos los bancos estaban a sus pies. Cuando entraba por la sede, hombres de casi ochenta años, accionistas de diferentes bancos, le ponían la alfombra roja. Su imperio estaba formado por cuatro empresas: Babysoft, Islaweb, Webdivision y Listin.com, en la que trabajábamos nosotros. Soñábamos con ser la competencia de *Páginas amarillas*. Y casi lo conseguimos: quisieron fusionarse con nosotros. En esta empresa aprendimos de todo, desde crear un directorio con casi cincuenta mil empresas a diseñar en Templates con Dreamweaver o codearnos con gente de renta. Allí estábamos cuatro chicos recién salidos de nuestras carreras universitarias: un aficionado al monopatín que dejaba el monopatín para diseñar logos en Photoshop; una *hipster* estilosa que se convirtió en una gran amiga mía. Y un jefe directo y muy educado con mente despierta que nos dirigía con pasión. Hoy trabaja en una gran multinacional y en sus ratos libres toca el piano para las bandas sonoras de los Oscar. Éramos una gran familia.

La «burbuja de las puntocom» se refiere al periodo comprendido entre 1997 y 2000, cuando se produjo un fuerte crecimiento de los valores económicos de las empresas relacionadas con Internet que llegó a provocar una fuerte burbuja económica y llevó a la quiebra a muchas. Entre ellas, la nuestra. Pero el ejemplo que simboliza el auge y caída de las puntocom en España es Terra, que cerró el círculo de la burbuja en España en julio de 2005. Terra salió a bolsa el 17 de noviembre de 1999 a un precio por acción de 11,81 euros y cerró ese mismo año a 37, lo que supuso un avance del 184,61 %. Alcanzó 140 euros en febrero de 2000. En su última salida a bolsa, las acciones fijaron su valor en 3,04 euros.

Como todo, lo que termina tiene un nuevo comienzo. A pesar de los muchos baches y obstáculos con que me encontré en el mundo laboral, nunca perdí la esperanza. Me limpié las heridas y volví a la carga. Yo necesitaba trabajar para reencontrarme a mí misma. Pero una «querida» amiga aparecía y desaparecía.

Hay dos tipos de ansiedad en torno al trabajo: la externa y la interna.

En los dos casos nos puede dar por huir. Somos a veces Houdini en el arte del trabajo. La habilidad de Houdini para liberarse de ataduras con cuerdas, cadenas con candados y otras situaciones complicadas encantaban al público.

Tú vas a ser el gran Houdini de ti mismo. Liberarte de tu escapismo emocional hará que te quieras más.

Mientras comienzas la gran búsqueda de trabajo, debes decirte: «NO eres inactiva». Has hecho un montón de cosas.

En mi caso, estudié inglés como una condenada, no solo con profesores particulares, sino escuchando todos los días charlas científicas de TED, con YouTube y con un millón de series, como *House of Cards* o *Homeland*, que llenaron mis horas. Durante meses busqué trabajo, moví mis piezas extras, di clases como profesora de escritura por Internet. Nunca he parado de trabajar. Escribí más de siete novelas. Voy camino de la novena. Y te puedo decir que estoy orgullosa de superar los baches del camino de la vida, de reinventarme una y cien veces. No perdía el tiempo y desarrollé más habilidades, como la del curso de guionista. Gracias a él aumenté mis relaciones sociales, escribí novelas con desenlaces más armados y crecí en escritura y sabiduría. Reflexiona sobre lo que te completa y lucha por ello.

Para combatir el miedo solo hay una manera: enfrentarse a él. Te da miedo el Eurotúnel. Pues siento darte la noticia de que, si quieres, puedes. Deseas viajar de París a Londres, pero viajar bajo tierra te da claustrofobia y te genera ansiedad. ¿No vas a ir en el subterráneo nunca? Eso no te ayudará a superar el miedo, todo lo contrario. Un consejo es que tomes el metro de cualquier ciudad y hagas viajes muy cortos. De esta manera comenzarás a sentirte seguro.

Hay trabajos que provocan más ansiedad que otros. Elabora una lista de aquellos con los que te sientas cómodo. Ya sé que al principio todos te van a dar pavor. Pero piensa que hay algunos que te dejarán sin respiración y que con otros comenzarás a ventilar antes de lo que crees.

No seas escapista. Enfréntate a tus miedos. Eres más fuerte de lo que crees. Busca trabajos de media jornada, incluso algo de voluntariado. Recuerdo que trabajé durante un tiempo en Mensajeros de la Paz y fue una etapa maravillosa. Aprendí mucho de los mayores y de la ilusión que ponían en las nuevas tecnologías. Muévete, no estés en casa esperando cambiar. El cambio llega caminando.

Tengo la autoestima en una cámara acorazada. Eres una persona eficaz y capaz de todo, no lo olvides. Solo tienes que pensar en toda la gente que te quiere. Tienes fortalezas y debilidades: piensa más en las primeras. Un trabajo no te dice lo que vales, solo ocupa tu tiempo. No pongas todas tus energías en el mismo lugar: si lo pierdes, te vuelves loco.

La ley del olvido: intenta no pensar las veinticuatro horas del día en el trabajo. Una vez termines la entrevista o dejes de buscar en diferentes portales debes distraerte con otras cosas.

Sin embargo, en ocasiones la ansiedad es interna. Es decir, que una vez que eliges un trabajo, que te han llamado, que te han seleccionado, sigues teniendo ansiedad. Entonces ¿qué hacemos?

Mientras estaba en el Banco Santander todo iba de maravilla; poco a poco fui encontrándome a gusto, creyendo de nuevo en mí. Sin embargo, quería seguir buscando empleo. No quería estar de nuevo de teleoperadora. El *telemarketing* es una aspiradora que te embulle y no te suelta nunca. No buscaba *loguearme* más de diez minutos. Quería escapar, pero esta vez de forma consciente.

En ese tiempo quise encontrar trabajo en otros sectores. Había hecho varias entrevistas y adquirido rodaje. De pronto me llamaron para trabajar en una gran librería comercial. Era mi sueño, rodearme de libros. Me imaginé con la chaquetilla llena de chapas. Pasé un proceso de selección largo y tedioso y llegué a lo que todos temen: la entrevista en grupo, una dinámica; parecía que iba a entrar en la NASA.

En una entrevista individual te la juegas a una sola carta. O caes bien o el entrevistador te detesta. Solo hay dos posibilidades. Recuerdo una vez una entrevista muy difícil hasta que la chica se fijó en mi jersey de cuello de cisne y me preguntó dónde me lo había comprado. Terminamos hablando de ropa y salí seleccionada para trabajar en el BBV. Desgraciadamente, esto no ocurre todos los días; no nos suele entrevistar Carry Bradshaw.

En la dinámica te la juegas con más cartas. Compites con más gente. Los ojos se dispersan por la sala mientras que tu corazón va más tranquilo.

ENTREVISTA EN GRUPO

1. Infórmate sobre la empresa y los miembros más importantes que la forman. Es importante mostrar interés.

2. No consideres a los demás candidatos como enemigos. Ese día, en la entrevista, vi cómo un compañero hundía a otro. Y al final el que quedó fuera fue él. Intenta mostrarte cordial y buen compañero. Sé tal como eres. No es una competición. Demuestra tu capacidad para trabajar en equipo.

3. No destaques hablando mucho ni quedándote corto. Habla lo justo. Pero no marees. Nadie quiere un sabelotodo en su grupo ni un rancio silencioso.

4. Escucha de forma activa. No interrumpas a nadie.

5. Comportamiento no verbal. Desde que entras hasta que sales, muestra una actitud interesante, pon los hombros rectos y mantén la espalda erguida.

Cuando a uno le gusta mucho su trabajo, se juega más cosas. Y eso genera más ansiedad. Yo pasé por un proceso largo para estar donde quería estar, entre libros. Había elegido las chapas para colocármelas en el chaleco.

Primero visualicé el trabajo. Meses antes me había visto allí. Eso es lo que llaman «poder psicotrónico». Tal y como explica Robert B. Stone en el libro *La magia del poder psicotrónico*, el primer paso para activar este poder es pensar en lo que quieres conseguir con él. La mente puede atraer hacia ti todo lo que deseas.

Quizá pensaréis que había alcanzado una meta insignificante. Sin embargo, para mí era un sueño hecho realidad. Probablemente para algunos ser periodista y terminar vendiendo libros suponga bajar el listón. Yo sentía que tomaba la cultura entre mis manos y la arrojaba a la bolsa del cliente. La vida es un caleidoscopio que gira para que veamos su multitud de colores.

Había visualizado el chalequillo de la librería, con mis chapas de colores, mis zapatillas Converse y mis clientes amables. Nunca proyecté la maldita caja registradora ni a mi amiga la ansiedad ante los clientes estirados.

El primer día de trabajo se sufre, y si no recuerdo mal el segundo perdí la llave de mi taquilla. Días después la encontré en el bolsillo de mi vaquero. «¿Cómo se puede ser tan torpe?», me preguntaba diariamente. Ya sabéis, la tralla amiga que nos solemos disparar cuando estamos rodeados de miedos.

Estaba fuera de mi ámbito normal, la oficina, aunque realmente ilusionada. Algunos de mis amigos me recuerdan entre pasillos diciendo:

—¿En qué puedo ayudarle?

Creo que nunca fui tan feliz diciendo esa frase. Me sentía útil. Danzaba feliz entre libros de Sándor Márai y Chéjov. Escalaba por encima de las estanterías aprisionándolos y haciendo huecos para los nuevos. Loquillo era feliz con su camión y yo era feliz con mi carrito.

Los clientes se acercaban a mí preguntando por los libros que se anunciaban en la radio; muchos corrían a la tienda a por él. Lo comercial siempre vendía.

Algunos gritaban por no encontrar el suyo.

—Todo superventas, qué asco.

Ya estábamos de nuevo con los clientes que se levantan con mal pie... Creo que eran los mismos del teléfono. Seguro que este en concreto fue el que cerró hace meses la Cuenta Naranja. Malhumorados y con mal café. Pero ahora quizá más suaves al estar *face to face*. El frente a frente impone. Luego estaban los clientes que se resguardaban en la librería por el frío y a escondidas leían libros eróticos que nunca compraban. También los clientes que camino del aeropuerto pasaban a comprar algún libro de recetas. Recuerdo uno al que le vendí el producto estrella de la tienda. Casi cien euros se gastó con la colección de la cocina francesa. Tuve que salir con el carrito a la calle y ayudarle para que lo dejara en el taxi. Y esos clientes que desordenan la tienda, que se sienten poderosos revolviéndolo todo para que tú vayas detrás a recogerlo.

Pasé días maravillosos. Hasta estuve atendiendo en la sección de papelería. Qué difícil es poner un cartucho de tinta... más que hacer el amor en un Simca 1000. ¿Y qué me dices de mirar las dioptrías de unas gafas de vista cansada?

Tardaría en usar la caja registradora como dos o tres semanas. Me sentía impaciente y temerosa cuando pasaba por delante. Relucía, brillaba y mis ojos no podían apartarse de ella. Su ruido me golpeaba en el pecho. Deseaba tocar sus teclas, pero también me daba miedo desafinar. De nuevo la ansiedad social.

La primera vez era tal mi bloqueo que me bajaron al departamento solo de cajas para que viera cómo se utilizaban. Es curioso mirar a compañeros que creen que nacieron aprendiendo; ni te miran ni te explican, solo se mueven como Charles Chaplin en *Tiempos modernos*. «¡Parece que está viva!», pensaba yo.

En ese mismo instante puse en práctica el manoseado: si todos han podido, tú no vas a ser menos. Reforzar la autoestima mirando al otro. Sí tú puedes, yo puedo.

Es muy importante llevar una pequeña agenda y apuntar todo. No te rías, pero dibujé la caja registradora con todos sus botones. ¡Más mona ella! Me quedó preciosa, y desde entonces empecé a perderle el miedo. En casa tocaba las teclas dibujadas y el miedo desapareció.

Día tras día la buscaba; tanto es así, que era inmensamente feliz en la caja. Me apasionaba cobrar. Como ya he dicho, debemos estar ilusionados por todos nuestros avances, por pequeños que sean. Lo primero es quitarse la siguiente frase de nuestro archivo cerebral: «Yo he hecho una carrera y me merezco estar en otro sitio».

Pues claro que te lo mereces. Pero entre torturarte y seguir activo no hay opción. Todos nos merecemos trabajar de lo que hemos estudiado. Pero si es casi imposible, no te martirices por ello. Aprende todo lo que puedas de tus compañeros, del trabajo, de tus jefes. No mires el trabajo como una pirámide. Estamos todos en llano, y quien se crea que está arriba, pobre de él, porque se puede caer. Deja que se equivoque, pero no metas mierda a tus compañeros. Deja que cada uno se muestre tal y como es.

Notaba que la gente allí estaba quemada como la pipa de un indio. Desde primera hora de la mañana las caras en la librería estaban mustias y las espaldas curvadas. Es importante dejar los problemas en casa, pues en la mayoría de las ocasiones no nos levantaríamos; la mochila de los problemas personales se deja en casa. Nadie merece tu desprecio, hazle la vida más fácil a tu compañero. Un día no estarás allí y es tiempo que estás malgastando.

La política de contratación de la empresa no es regular. Comentan que juegan con los empleados durante tres meses en el periodo de prueba y luego los echan a la calle. Todos los saben y lo repiten como un mantra, lo cual desde luego no ayuda a dar lo mejor de ti en el puesto de trabajo. Es una buena fórmula empresarial, beneficiarte de los contratos indefinidos y las ayudas a contratarlos y después despedir a la gente a coste cero. Sinceramente, no me molesté en averiguarlo. Quiero dormir por las noches, aunque muchos de ellos intenten que no pueda.

Desgraciadamente entramos en ese juego, quizá cómplices, porque buscamos un empleo y sabes que si rechazas las condiciones vendrá detrás de ti otra persona que estampe su firma en el contrato.

Al poco tiempo llegó la presión de las ventas por encima de la atención al cliente. En todos los sectores parece que prima más vender, y vender incluso libros como kilos de patatas.

Empecé a desmoronarme cuando semana sí y semana también empezaron a llegar libros en cajas que, apiladas, sobrepasaban mi cabeza. *Los juegos del hambre* me arquearon más la espalda, qué decir del de Julia Navarro. Eso sí, orgullosa de tenerla entre las más vendidas. Mi escoliosis se resintió. En ese momento supe que no podría estar más de tres meses. Casi les di la razón, porque ellos nunca contratan más de ese tiempo.

¿Qué saqué de todo esto?

Trabajar para un sector maravilloso. Oler libros cada día. Estar al tanto de las novedades. Una jefa encantadora en cuyos ojos el día que me despidió vi que tampoco era fácil para ella.

Un mes después recibí un correo suyo. Tenía un contacto en el Museo del Prado para trabajar en la tienda. ¿Sabes? Aquello fue mucho más satisfactorio que cualquier otro trabajo. Siempre hay que saber salir bien de las empresas. Aquella librería me dio más que quizá yo a ella y me obsequió con la fortaleza de imaginarme en otro puesto de trabajo. Meses después firmé el contrato. Me regaló seguridad, autoestima y conocimiento.

Un día estuve con mis dos sobrinos en esa librería. Me gusta pasear por ella. Me trae buenos recuerdos, quizá como un viejo amor, que trae recuerdos porque en el fondo echas de menos la que fuiste cuando estabas a su lado.

Las chicas de la librería pasaban, colocaban los libros. Pensé en esa época. Lo feliz que fui; quizá si la política de contratación hubiera sido otra me podría haber quedado. Traté al cliente como si fuera de la familia, desde condes hasta ministros pasando por estudiantes que buscaban guías de viaje. Entonces supe que me estaba reconstruyendo. No me hundí porque andaba por el camino de encontrarme. Mi mundo laboral comenzaba a alcanzar su destino.

Las piezas de puzle tóxicas

«La gente tóxica potencia nuestras debilidades y nos llena de frustraciones».

Bernardo Stamateas

El psicólogo argentino Bernardo Stamateas da algunas pistas en su libro *Gente tóxica* sobre cómo identificarlas. Según él, es la persona que te roba energía, la que te mete miedo y culpa. En definitiva, la que, como dice, «te nivela para abajo».

En los trabajos hay algunas piezas tóxicas. A veces nosotros somos una de ellas. Las podemos dividir en los siguientes grupos:

- **Pieza lunes negro:** desde el domingo ya está tristón en el sillón porque tiene que madrugar al día siguiente. Hasta que toma un café no es persona. Apenas habla, solo refunfuña.
- **Pieza dominatrix:** el controlador. Se ha sentido hijo único durante un tiempo, y si entra alguien se siente vulnerable.
- **Pieza jefe:** quiere usurpar su puesto. Incluso le hace «pequeñas apreciaciones de su trabajo» para que vea quién manda.

- **Pieza rebote:** está al quite para que alguien cometa un error y él pueda sobresalir. Espera agazapado como el león en la sabana a su presa.
- **Pieza con síndrome Boreout:** el Boreout tiene tres características que Philippe Rothlin y Peter R. Werder describen en su libro *El nuevo síndrome laboral Boreout*, publicado en 2009:
  1. Infraexigencia, tareas repetitivas y monótonas. Realiza tareas sin sentido. Da la sensación de no poder rendir o no estar dando todo lo que uno puede dar. Sensación de estar desaprovechado.
  2. Aburrimiento
  3. Desinterés.
- **Pieza muro de las lamentaciones.** Se da cabezazos contra la pared. Se culpa de todo lo que pasa, incluso cuando no hay papel en la impresora.
- **Pieza Urkel:** es un Steve Urkel de la vida. Atolondrado y despistado. «¿He sido yo?» es su frase de guerra.
- **Pieza parchís:** se come una y cuenta veinte. Continuamente se pone medallas de lo bien que hace su trabajo. Corre siempre a RR. HH. dando tus partes de retraso. Es un ET de la vida: siempre señala.
- **Pieza cotilla:** no sabes de quién es amigo. Pone verde a todos. Y sabes que cuando te das la vuelta te estará criticando a tus espaldas. Pone en copia a todos los del departamento para resaltar un error tuyo.
- **Pieza colilla:** es el rastrero. Lame el trasero a todos y no le importa que le pisen con tal de conseguir sus objetivos.
- **Pieza *connecting people*:** desea conectar con todo el mundo. Siempre propone una cena o una copa los jueves. No

tiene vida y le gusta ir a todo con los compis de trabajo. Cree que son sus mejores amigos.

- **Pieza *cheap*:** lo contrario del anterior. Trabaja, llega, no habla y se larga a su casa. Piensa que el trabajo solo es trabajo, no un sitio para interactuar.
- **Pieza quemada:** está harto de la empresa, siempre dice que se quiere ir, pero cuando llega la hora del despido monta en cólera.
- **Pieza eventos:** recoge dinero para cumpleaños de la empresa. Es el primero en llevar pasteles los viernes.
- **Pieza fantasma:** nunca está en su sitio.
- **Pieza boli Bic:** llega tarde pero a en punto se le cae el boli Bic y sale disparado gritando: «¡Fuego, Fuego!».

El gran miedo del trabajador hoy en día es a la **pieza emergente**: estamos hablando de la pieza robot. La robótica nos lleva al paro. Los robots reemplazarán muchos puestos de trabajo. Shelly Palmer, CEO de The Palmer Group, una empresa estratégica vinculada al sector de la tecnología, ha elaborado una lista con las, en su opinión, cinco profesiones que serán insustituibles. Vamos, que los robots no se van a sentar en tu mesa si ejerces alguna de ellas:

- **Psicólogos**
  ¿Te imaginas en el diván a *Sputnik* y tú contándole un desastre laboral? Sí, a ti te falta un tornillo. No diremos nada de nuestro psicoanalista.
- **Futbolistas**
  El público admira la excelencia. Y esta va en la cualidad humana.

- **Médicos**

  Palmer cree que se ayudarán de inteligencia artificial, pero seguiremos necesitando su cerebro. Ya sé lo que te estás preguntando: «¿Y el mío, señor?». El tuyo, como el mío, es cosa aparte.

- **Jueces**

  La ley se interpreta, por lo tanto apelamos a una persona.

- **Políticos**

  La política es algo ligado a la propia esencia del ser humano.

15

La pieza maestra

«Si puedes soñarlo, lo puedes lograr. Obtendrás todo lo que quieras en la vida si ayudas a otras personas a conseguir lo que ellos quieren».

Zig Ziglar

Si estamos en un túnel oscuro necesitamos una mano que nos arrastre hacia el exterior. Eso es lo que hacen los *coach* de empleo. Desde hace varios años han irrumpido con fuerza en el panorama laboral. Hoy quiero quedar con uno de ellos. Quiero conocer de cerca su trabajo. Aprender y extraer lo más importante para plasmarlo en este libro y ayudarte. He quedado en el restaurante El Jardín Secreto con una de las mejores, Elena Huerga, *coach* de desarrollo profesional. Una auténtica estratega en la búsqueda de empleo.

Me duele la cabeza; he parado a comprarme algo en la farmacia, me tomo un café rápido y voy a mi cita. Llego tarde. Ella, puntual, elegante y con una sonrisa profesional, me tiende la mano. No tengo batería en el móvil y sé que esta chica me va a contar cosas importantes. ¿Por qué todo se pierde en el momento crucial?

Estamos a seis grados de Kevin Bacon. Lo noto. Tenemos varias personas en común. Conoce a una de las personas que más ha revolucionado el mundo de InfoJobs: Nilton Navarro, *community manager* del portal laboral más exitoso. Antiguamente eran los serenos los que, con sus juegos de llaves, lideraban las calles. Ahora los serenos son los *community managers*, comunicadores que no descansan ni de día ni de noche. Siempre con su iPad, actualizando datos y durmiendo poco.

Subimos las escaleras mecánicas. No sé por qué, pero el ático me da muy buena vibración. Todavía recuerdo cuando me entrevistaron para un programa de televisión y la jefa de prensa nos ofreció a todo el equipo lo que quisiéramos de Salvador Bachiller. Fuimos príncipes de nuestra historia, inolvidable porque elegí aquel sitio para hablar de *39 cafés y un desayuno*. Nada como los desayunos de Salvador. Al final de la entrevista, como muestra de agradecimiento, los dueños nos dijeron que eligiéramos lo que quisiéramos de la tienda. Cuando no esperas nada a cambio, la vida va y te regala un bolso.

Elena Huerga derrocha energía y generosidad. Dedica su tiempo a hacer felices a las personas. No le faltan pasión, entrega ni una gran dosis de entusiasmo. Toda ella es una herramienta de *coaching*. Pienso por un instante: «¿Por qué no la conocí cuando mi vida daba tumbos en la cola del INEM?». Creo que hay personas con las que conectas, y aunque converses con ellas solo una tarde puedes ganar más que pasando mil tardes con gente insulsa.

Las dos sentimos admiración y conexión mutua. Nuestro contacto en común me dijo que llegaríamos a encajar. Es curioso que haya personas que tienen una visión de las piezas del puzle desde fuera.

Me cuenta su historia. Soy toda oídos. Eso sí, antes un *rooibos* que calme nuestra verborrea incontinente. Por no traer, no he traído ni bolígrafo. Cuánta tinta que hoy no se perderá. Ríos de tinta corren entre las dos hablando sobre las miserias del empleo.

Ella también se reinventó hace unos años. También estuvo a oscuras en el túnel. Creo que para sentir la necesidad de ayudar a los demás tienes que tocar fondo. Las dos lo hicimos en un momento determinado. Quizás eso sea lo que nos une. No tenemos miedo a desnudarnos y exponer nuestros miedos. Elena trabajó en la empresa privada, en la banca. Ya sabéis: horas intempestivas, alta competitividad, un sinfín de ingratitudes, hasta que decidió, como el protagonista de *El monje que vendió su Ferrari*, vender sus acciones y dar el salto al mundo del *coaching*. Su vida cambió en el instante en que decidió realizar el curso de posgrado. Siete años regalados a la banca para conseguir el sueño esperado: ayudar al otro a encontrar su camino. Es más fácil iluminar a los demás si tú una vez perdiste el tuyo.

Le cuento que tengo una amiga psicóloga que detesta a los *coach*. Si tuviera una delante, le escupiría en la cara. Siente que cinco años de carrera universitaria no pueden equipararse a cuatros meses de un curso de *coaching*. Ella se adelanta:

—Totalmente de acuerdo. Si noto que alguien no está amueblado en su vida no le hago *coaching*. Lo derivo a un psicólogo.

Estudia un máster de Recursos Humanos. Un buen previo para el *coaching*. Pero antes de los canapés Elena se sirve algo en la bebida: 10 % de *coaching* y 90 % de *mentoring*. Lo agita todo en la coctelera y se lo bebe de un trago. Y lo peor es que, viendo su cara, yo también quiero probar eso tan rico que la ha hecho tan feliz.

¿Qué es el *mentoring*?

Cualquier individuo debe poseer una gran motivación y autoconocimiento. Necesitamos un tutor. Sinceramente, yo pienso que todos necesitamos un psicólogo en algún momento de nuestras vidas. Hay personas que dicen: «Yo eso no lo necesito. Yo nunca tengo depresiones. Para divertir a alguien con mis problemas, mejor se los cuento a un amigo que me entienda». Creo que es una frase dicha muy a la ligera. Un psicólogo, un mentor, te ayuda a conocerte. Todos tenemos límites y es bueno saber cómo superarlos. Te ayuda a darte contra una pared de piedra caliza hasta que logras pulirte. No cambias, pero lograrás entenderte, encauzar tu vida con una salud mental infinita.

Elena Huerga, en su labor de *mentoring*, ayuda a encontrar el camino perdido. A lo largo de la historia ha habido siempre *mentoring*. En *La Odisea* de Homero, Ulises se prepara para ir a la guerra de Troya y confía en su mentor la tarea del cuidado y educación de su hijo, Telémaco, que debía ser formado como futuro rey de Ítaca.

En Simply Hired, motor de búsqueda de empleo en Internet, se llevó a cabo una encuesta en la que se preguntaba a sus visitantes qué era lo que había atraído el éxito a su carrera profesional. Un 27 % afirmó que un jefe o un gran mentor.

De ahí que sea tan importante la conexión con el mentor. Elena lo tiene claro.

—No suelo aceptar al 10 % de las personas en la primera sesión de ventas. Quiero a gente que conecte conmigo y que crea en lo que hago.

Eso también pasa con los psicólogos: alguien te recomienda uno muy bueno y de pronto notas que no te ayuda nada, que tiene conexión cero contigo. Una vez me topé con uno que, tras media sesión con él, no sabía quién de los dos era el psicólogo.

—¿Qué tipo de cliente tienes?

—60 % mujeres y 40 % desempleados de larga duración. De 32 a 40 años son mujeres. Sobre todo del sector de administración y del *marketing*. De 42 a 48 años el perfil es masculino. Sobre todo ingenieros y ejecutivos.

Elena sonríe, se nota que le apasiona su trabajo. Si la hubiera visto hace años por una rendija, seguro que sonreía igual, pero no con tanta plenitud.

—Trabajo con ellos tres meses. A tope. Nos dejamos la piel. Les ayudo a definir su proyecto profesional.

Levanta la mirada y me dice:

—En tres meses parte de ellos encuentran trabajo y si no lo hacen, es también un proceso donde se encuentran a sí mismos para saber lo que no quieren. Para mí, que ellos consigan lo que buscan es ganar en equipo. Cuando no lo encuentran, yo también pierdo. Fracaso y gano con ellos.

Elena sabe que es importante averiguar qué talento guardamos en nuestro interior. Se implica al 100%, sudando la camiseta. El tiempo en que queremos encontrar nuestras metas. Puede ser a corto, medio o largo plazo. Y sobre todo no dejar de controlar al dron que sobrevuela nuestras cabezas para encontrar la felicidad; hay que controlar ciertas herramientas, no dejarlo todo a la intuición. Es importante que durante el proceso solo nos escuchemos a nosotros mismos.

El otro día me encontré con una amiga y me dijo:

—Es que no sé lo que quiero.

Y le dije:

—¿Y lo que no quieres?

Se hizo un silencio. Eso es lo que nos falta: estar en silencio. Tenemos tanto ruido agitando nuestros oídos que es difícil oírnos. El *coaching* nos ayuda a vaciar nuestra cabeza de ruidos.

El proceso de *coaching* de Elena Huerga está compuesto por siete puntos importantes:

1. Definir objetivos personales y profesionales
   ¿Qué quiero?
   ¿En qué soy bueno?
   Potenciar los puntos fuertes.
2. Marca personal
   Tu «yo» y las competencias.
3. La propuesta de valor. Tus cualidades.
   Un chico una vez dijo: «No tengo nada bueno, pero soy una persona que en la empresa me hago querer. Me conoce toda la empresa». Eso es muy bueno: la sociabilidad, el trabajo en equipo. Vamos a resaltarlo.
4. C.V.
   El currículo es la llave que abre la puerta de las entrevistas. Consigue un currículo potente y que muestre la mejor versión de ti. Elena es de las que piensan que no puedes entregar el currículo sin un formato adaptado a ti. Apuesta por la sinceridad y la originalidad. Un chico le dijo una vez: «Yo soy muy friki y busco una empresa friki». Le dimos a la empresa lo que buscaba: un currículo con *storytelling* de Asterix y Obélix. Al mes estaba contratado.

   Busca la diferencia. Somos muchos haciendo lo mismo. Si les das algo nuevo se fijarán en ti. Sorpréndeles: «La gente olvidará lo que dijiste, la gente olvidará lo que hiciste, pero la gente nunca olvidará cómo la hiciste sentir» (Maya Angelou).
5. LinkedIn
   Quien domine LinkedIn dominará el arte de encontrar trabajo. «Una vez una clienta me dijo que había trabajado más de diez años como dependienta en unos grandes almacenes y que la carrera se la sacó trabajando. Nada menos que Ad-

ministración de Empresas. Ella lo escondía como avergonzada. Al contrario, tenía un potencial en sus manos, y destacarlo en las primeras líneas de LinkedIn fue lo más acertado».

6. Portales de búsqueda

   Para Elena el portal de búsqueda de empleo más importante es, sin duda, InfoJobs. El padre de todos los portales.

   Yo también destacaría Indeed para pequeñas empresas. Es el cajón de sastre de todas las ofertas, y Domestika para empleos más creativos.

7. Role-Play

   Elena me cuenta que jugar con los clientes es una forma efectiva de motivarlos. Les propone alcanzar hasta 250 puntos, una especie de yincana.

   Me dice que en una ocasión una de sus clientas tenía una fiesta de antiguos alumnos del colegio y le daba vergüenza ir, dada su situación de desempleada. Le ofreció treinta puntos si iba y contaba su situación. Recuerda que lo hizo y que gracias a eso consiguió contactos y trabajo.

La vida es una cadena de favores. El boca a boca cuando estás parado es fundamental. Un trabajo llama a otro. Elena Huerga es una profesional del desarrollo personal y profesional. Un *coaching* en este ámbito te va a ayudar a escucharte y a encontrar tus fortalezas.

Si tienes empleo, pero quieres buscar nuevas oportunidades, distintas funciones, más responsabilidades, mejores condiciones o simplemente trabajar para una empresa con la que conectes de verdad y te sientas feliz. La búsqueda de trabajo ha cambiado demasiado en los últimos años y necesitas asesoramiento para hacer las cosas bien y aprovechar al máximo tu tiempo. Si no tienes trabajo y buscas un nuevo empleo que te llene. Si sientes que estás haciendo algo mal porque las oportunidades no llegan y buscas soluciones. Si de momento estás cómodo en tu trabajo, pero sientes que debes ponerte al día y ser más visible en el mercado «por si acaso». Empiezas a oír demasiadas veces conceptos ajenos, como LinkedIn, *networking*, marca personal... Si quieres ascender dentro de tu empresa y necesitas una estrategia sólida para convertirte en el candidato perfecto para las nuevas vacantes, un nuevo CV, potente, y una carta de motivación perfecta van a ser tus aliados.

El *coaching* es una disciplina que cada vez tiene más calado en nuestro país. Actualmente existen unos trescientos *coach* en la geografía española, cifra que tiene una marcada tendencia ascendente, como en el resto de Europa. Países como Francia o Italia cuentan con mil *coach*, mientras que en Portugal hay treinta. El *coaching* es un fenómeno global cuyo crecimiento abarca los cinco continentes, pero solo en países como Holanda y Noruega se le considera en un primer estadio. El *coach* es un facilitador que pone ante ti un espejo. Prepárate para contestar preguntas que nadie jamás te había formulado, ni siquiera tú mismo.

A la caza de las piezas

«Hablo a todos del mismo modo, ya sea el basurero o el presidente de la universidad».

Albert Einstein

Si interiorizáramos esta frase de Einstein perderíamos el miedo a tocar las grandes piezas del puzle y alcanzar el éxito. Nos da pavor mover una ficha que antes nunca se movió. Einstein tenía una concepción del éxito bastante curiosa. Decía que estaba escondido en la fórmula A=X+Y+Z.

Con lo mal que se me daban las matemáticas, si pienso que el éxito está formulado me pongo a sudar.

Albert Einstein estaba trabajando en su despacho de la Universidad de Princeton, en Estados Unidos, cuando alguien le preguntó:

—Profesor, usted que tanto sabe, ¿podría decirme la fórmula del éxito?

El científico no había prestado atención a la pregunta y siguió escribiendo en una pizarra que tenía en su despacho como estaba haciendo antes de que lo interrumpieran. Lo que escribió en la pizarra fue: A=X+Y+Z, y pasados unos segundos dijo:

—Esta es la fórmula del éxito. Se trata de una fórmula algebraica en la que la letra A representa el éxito en la vida; para alcanzarlo hay que ser constante en el trabajo, que está representado por la X. Luego tener algo de suerte, que es la Y. En cuanto a la Z, se trata de un factor variable, imponderable, que es la tranquilidad y el silencio y sobre todo la seguridad de que mientras uno se ocupa de sus asuntos no se acerca un pesado a molestarle con preguntas ociosas. ¿Me entiende?

Einstein nos da la clave del éxito. Estoy de acuerdo en casi todo, menos en la última variable. Si me permites, te diría que Z hoy día no funciona. Si uno se queda en silencio, callado en un rincón de la casa, el trabajo no se mueve. Así que yo diría que la Z, pidiendo permiso al admirado Einstein, debe ser la constancia, y si me apuráis, la insistencia absoluta. Creo que aquel alumno que le preguntó llevaba el éxito con él.

En este camino pedregoso de encontrar trabajo hay dos piezas a las que siempre debemos estar atentos, no perderlas de vista nunca. Una es InfoJobs y la otra es LinkedIn.

Yo juego con las dos constantemente. Para mí InfoJobs puede decirse que es el menú del restaurante Casa Lucio. Hay *carpaccio*, huevos rotos y por supuesto patatas bravas. Y LinkedIn me da el «menú degustación»: es llamar al restaurante sin reserva previa.

Después de colgar mi chaleco de chapas y devolver la llave de mi casillero universitario salí a la calle. Miré al cielo, y de nuevo una miríada de pájaros cruzaba la calle Orense.

Debía idear una estrategia para encontrar trabajo nuevamente. Ser diferente al resto de los buscadores de empleo. Esta vez no me quedaría en la orilla del mar esperando a que saltaran las olas. Esta vez me tocaba bucear para encontrar mis conchas marinas.

Me sentía pletórica. Ahora, en mitad de la vida, sentía lo que quería, sabía perfectamente lo que no quería y me iba a lanzar.

Años atrás había usado la misma estrategia para encontrar trabajo: darme de alta en todas las webs que existían, enviar mi currículo a cincuenta vacantes diarias. A veces estaba tan aburrida que echaba cosas impensables. Monster, Indeed, Infoempleo, Laboris, Ticjobs, Domestika. Cuando estaba todavía más aburrida, me iba a Turijobs, al sector hoteles, con mi inglés medio y remataba en Colejobs, pensando que el horario de verano y Semana Santa era increíble para mí. A veces estaba tan inquieta que me sentía de nuevo como una becaria dándome de alta en Primer Empleo.

Os aconsejo elegir dos o tres portales para no volveros locos. Hay que invertir el tiempo de manera efectiva. Os recomendaría los siguientes:

InfoJobs, ya que es el líder mundial de empleo. En 2017 logró firamar casi 1,5 millones de contratos laborales, un 14 % más que el año anterior. Cada minuto se firman 3 contratos a través de InfoJobs. El 34 %,de los profesionales que se inscribieron en una oferta consiguó un contrato de trabajo.

Por sectores, los datos revelan que éstos se dan en mayor número en **Informática y Telecomunicaciones** (el 18 % de los contratos cerrados era indefinido), en **Comercial y Ventas** (13 %) y en **Ingeniería, I+D, Calidad y Producción** (con un 10 % de contratos indefinidos)

Detrás de InfoJobs está el mejor *community manager* de nuestro tiempo: se llama Nilton Navarro. Realiza un trabajo excelente y ayuda al otro de forma encomiable. Nilton es terapeuta, motivador, periodista, detective, analista, *coach*, traductor... El hombre-orquesta de InfoJobs. Toca platillos, pedalea en bicicleta y escucha activamente a las personas que le siguen en redes sociales para ayudarles a mejorar su empleabilidad. Recopila el *feedback* para mejorar sus *apps* y web, y desarrolla herramientas que necesitan las personas para que sea más fácil encontrar empleo.

Cada día centra sus acciones en ayudar a los demás a mejorar su vida profesional y personal. Comparte consejos sobre orientación laboral, hace formación gratuita a través de seminarios web con especialistas, *coach*, técnicos de selección, *nethunters*, etc. «Cada día voy a trabajar con mucha ilusión y energía positiva, porque cuando ayudo a las personas a encontrar un trabajo de calidad colaboro en crear una sociedad mejor».

¿Entendéis por qué InfoJobs es el líder mundial en empleo? Porque detrás hay gente como Nilton Navarro, que con su sonrisa levanta empresas. A estas las hacen las personas.

«Para nosotros cada contrato cerrado es una alegría y queremos dar el mayor número posible de alegrías, queremos llenar España de alegría».

Me quedo con dos características de Nilton Navarro: por un lado, su capacidad multitarea y por otro su entusiasmo.

«Siete de cada diez ofertas publicadas en Internet están en InfoJobs, y han ascendido el último año a más de dos millones de empleos. En los últimos años hemos visto un crecimiento importante en el uso de la *app*. Actualmente más del 75 % de nuestro tráfico viene de dispositivos móviles y en 2016 hemos conseguido el hito de tener un millón de usuarios únicos activos en un mes. Somos la primera *app* de empleo en España que logra esta cifra, que es cuatro veces superior a la de otras del sector».

Y añade: «La efectividad es algo que nos distingue; por ejemplo, en 2017 hemos conseguido cerrar casi un millón y medio de contratos de trabajo. Más de 3,2 millones de personas se inscribieron en, al menos, una oferta de empleo publicada en la plataforma, el 57 % de los inscritos logró una entrevista, y el 34 % consiguió firmar un contrato. Todo esto es posible gracias a la confianza que más de 70.000 empresas depositan en InfoJobs para encontrar al mejor talento».

Charlando con él me pregunto si cuando veo más de mil inscritos en una oferta debo seguir echando ese currículo maldito o si quedará en la trituradora. No tengo duda. Nilton lo tiene claro: «Si ves ofertas de empleo con cientos de inscritos no te desanimes, nuestro consejo es que te inscribas si cumples el perfil, porque puede que se ajuste más que el de otros candidatos». Nilton aconseja reforzar una serie de herramientas.

«Encontrar un buen trabajo requiere de tiempo, constancia, perseverancia, esfuerzo y actitud. Hoy tenemos que desarrollar capacidades y actitudes que ponemos al servicio de los puestos de trabajo en transformación constante. Aconsejo saber idiomas, dominar la tecnología (cada día más presente en todos los entornos), conocerte a ti mismo para elegir bien cada paso de tu vida, desarrollar y potenciar las *softskills*. En un mercado laboral competitivo donde el acceso al conocimiento se simplifica y nos permite disponer de muchas personas muy preparadas, la diferencia la marcan las actitudes, los valores, la flexibilidad, la motivación, la comunicación, el trabajo en equipo, la escucha activa, la inteligencia emocional».

En InfoJobs los empleos que más demandan las empresas son los que llamamos «transversales», aquellos que todas las empresas necesitan. Perfiles como los que se engloban en las categorías de comercial y ventas, informática y telecomunicaciones o atención al cliente. También han detectado un crecimiento importante de puestos relacionados con las nuevas tecnologías. Los profesionales más demandados en este ámbito son programador, *Big Data*, HTML5, *Cloud Computing*, desarrollador de aplicaciones móviles y *Social Media*.

El *community manager* de InfoJobs apuesta por el *networking*, fundamental para encontrar trabajo. No solo hay que quedarse en la red dando vueltas: debes contactar con las personas.

«Tener una buena red de contactos es fundamental porque el 80 % del trabajo no se publica como oferta de empleo, es decir, está en "mercado oculto". Estas ofertas son ocupadas por promociones internas, relevos generacionales, movilidad geográfica y referencias de personas de confianza. Así que tu red de contactos puede convertirse en una pieza clave para acceder al puesto de empleo al que aspiras».

«Otro motivo para tener una buena red de contactos es que si conocemos a alguien en la empresa en la que aspiramos trabajar, podemos solicitarle referencias para que nos ayude a impulsar nuestra candidatura. Además, a través de nuestros contactos podemos hacer llegar el currículo directamente a la persona encargada de la selección».

No olvides tu marca personal. Que simplemente con oír tu nombre sepan distinguir tu nicho. Es nuestra tarjeta de visita, la imagen que los demás tienen de nosotros.

Jeff Bezzos, el fundador de Amazon, lo resume muy bien. Dice que la marca personal «es lo que otros dicen de ti cuando no estás».

El otro día estaba tomando algo en el barrio de La Latina y un chico se levantó de su mesa y dijo:

—Bueno, chicos, pasadlo bien aunque no esté.

Pensé con humor: «Quizá se lo pasen mejor». Eso es lo que no debe pasar. Debes dejar huella, tu impronta personal, sin tener que decir esa frase. Es publicidad subliminal agresiva.

Sobre la marca personal, Nilton Navarro piensa lo siguiente: «Si tienes una buena marca personal aumentas tu notoriedad en el mercado laboral y tus oportunidades crecen exponencialmente. La marca personal es conocerse a uno mismo y trasmitir tu talento como marca. Debes ser consciente de que todo lo que haces deja huella. Es importante que sepas que no se trata de venderte como un producto, sino de vender lo que haces y lo que sabes hacer. Jordi Collell tiene una definición que me encanta y siempre llevo conmigo: "La marca personal es la huella que dejas en el corazón de los demás"».

En cuanto a las redes sociales, hay que estar en las que usemos. No debemos dejar redes muertas: se pudren y huelen mal.

«Las redes sociales son una potente herramienta para encontrar trabajo. Nuestros perfiles son un escaparate para dar a conocer lo que sabemos y lo que somos capaces de hacer, así que es fundamental que las utilicemos profesionalmente porque nos ayudarán a encontrar empleo».

«Hoy en día, los *nethunters* nos están mirando e interactuando con nosotros y muchas veces no nos damos cuenta; por esto debemos cuidar todos nuestros perfiles y utilizarlos adecuadamente. En un informe que publicamos en InfoJobs descubrimos que en 1 de cada 3 procesos de selección en España se había descartado al candidato por su actividad en las redes sociales».

Nilton y una servidora coincidimos en creer que el futuro de nuestro país será más tecnológico. Muchas personas tienen miedo a que vayamos en vehículos autónomos y los taxistas desaparezcan. A que tu compañero Sputnik te pregunte por el fin de semana que pasaste. A vivir en una *smartcity* en la que el café lo pidamos a través de una *app* y volemos con drones. Pero hay algo que no podrá suplantar nada, y es el cuidado hacia el otro. El robot siempre será más frío.

«Imagino un mercado laboral en el que las empresas son más humanas y cuidan a las personas. En el que el puesto de trabajo está integrado como un espacio relevante en nuestra vida, en el que crecemos profesionalmente y sobre todo personalmente para potenciar nuestras habilidades. Espero una transformación con la que pasemos de dirigir a liderar. Organizaciones con valores que son más que palabras, que cada persona aporte lo mejor de sí mismo y, lo más importante, que se pueda hablar de felicidad en el trabajo».

Indeed me gusta porque no hay que registrarse y condensa y monitoriza todas las ofertas que hay en la red.

LinkedIn. Con este portal podemos buscar empresas en las que nos gustaría trabajar. Contacta y sé el alumno aventajado de Einstein. Mide ser su pesadilla: escribe unas líneas impactantes a los directores de Recursos Humanos.

Aquí está mi tercera herramienta de búsqueda efectiva. Esta, con InfoJobs, ha formado el tándem perfecto para encontrar mi pieza perdida.

LinkedIn te permite ofrecer un currículo perfecto y configurar multitud de campos, como el extracto, premios, publicaciones y proyectos, además de la experiencia profesional. Te aconsejo que escribas unas líneas sobre ti que tengan gancho. Muestra tanto como puedas la marca que te diferencia.

Es importante que estés en los primeros motores de búsqueda. Es decir, posicionarte bien alto para que los drones detecten que estás en la terraza y que quieres salir, no tirarte. Así que la desesperación intenta guardártela en el bolsillo para que te rescaten. Nada de poner en LinkedIn: «Búsqueda activa de empleo». ¿Os imagináis en un bar con un cartel en la mano? «Busco chico o chica desesperadamente. Llámame». Seamos sutiles, por favor. Un poquito de discreción y misterio.

Debe contener las palabras clave adecuadas. Vamos a aparecer incluso cuando no nos buscan: tácticas SEO dentro del propio LinkedIn (LinkedIn Search Relevance).

El nivel de conexión es muy importante, y para eso va a ser vital interactuar mucho. Poner noticias, artículos, participar en grupos.

Editar nuestro cargo, nuestro **titular profesional**, es fundamental. Debe presentar palabras clave y dirigirnos al profesional que nos busque, es decir, si eres informático, no es lo mismo poner «informático» que algo más especializado, como *Big Data* o *Community Manager*, *Social Media Specialist*, *Brand Manager* o conocedor de redes sociales. Hemos de adecuarnos al nivel técnico de la empresa.

Hemos de poner unas quince menciones a **palabras clave** a lo largo de todo el perfil. Piensa que LinkedIn es el Google de empleo. Todo va indexado al gigante. Y el SEO funciona a la perfección.

Completa tu perfil. Rellena todo para llegar al **perfil de experto**. Si un antiguo jefe te puede recomendar, irás subiendo de nivel. Tu LinkedIn empezará a ser eficaz.

▣◀▶◉◀▶▣

La pieza estaba cerca. Podía sentirla dentro de mí. Tenía dentro más de lo que creía. El mundo no había que buscarlo fuera. Yo tenía las medidas ideales para que el trabajo viniera a mí.

70-20-10 son mis medidas, y seguro que también las tuyas. Puedes estar tranquilo: no son tus medidas físicas, no sería tan directa. Estoy hablando del marco que mide el talento. Recuerda que está en ti.

El 70 % es lo que aprendemos en un trabajo. Tiene que ver con nuestro día a día, con nuestra capacidad de resolución de problemas. De pronto te encuentras con tu amigo Excel y te das cuenta de que sabes hacer macros. Miras tutoriales en YouTube y colocas la tarjeta de red. Inercia y trabajo luchan en el cuadrilátero. Estás un día en la oficina y de pronto se te ocurre medir el grado de satisfacción a través de Google Drive. Te sientes un pequeño genio. Y es que en las cosas pequeñas está nuestra fuerza interior.

Sin embargo, en otras ocasiones percibes el fracaso, imprimes más de cien hojas por error o envías un archivo sin copia oculta insultando a tu jefe y le llega por error. La gestión de nuestros errores también está en ese 70 %. Nunca lo olvides.

20 % es lo que aprendemos de nuestros amigos. La calle, el día a día fuera del trabajo. Recuerda que también eres una rata callejera. No te centres en un porcentaje. Atrapa todos los rebotes y machaca. En la cafetería de la universidad, en un parque tirado mientras el sol te pega en la cabeza. En el cine, viendo el último estreno. En aquel viaje que hiciste a Oporto en el que, en un bar, escuchaste un fado maravilloso.

10% es lo que aprendiste en la universidad y en el colegio. *E-learning.* Lo que estudiaste, comprendiste y masticaste. Escupiste muchas cosas, pero otras permanecen en ti y son parte de tu currículo.

¿Te parece mucho este último?

Es importante la regla del 70-20-10 para dar el salto al mundo laboral. Nos están esperando un millón y medio de posibilidades de crecimiento personal. ¿Te las quieres perder?

Hay que empezar a meter el pie en la piscina y no mirar el agua desde la tumbona. Ya sé que el agua está muy fría. También sé que tienes miedo de ahogarte, pero piensa que siempre hay un socorrista vigilando. Sabes flotar, mejor de lo que crees. Inténtalo. Eres uno de ellos.

17

¡Eureka!, encontré la pieza perdida

«Tu marca personal es lo que dicen de ti cuando tú no estás delante».

Jeff Bezos

Arquímedes estaba dándose un baño cuando descubrió que el volumen del agua era igual al volumen del cuerpo sumergido. Fue tal el júbilo que salió corriendo desnudo por las calles de Siracusa.

Ya sé que no nos podemos comparar con él, pero su alegría se puede comparar a la nuestra cuando tras numerosas búsquedas aparece la pieza perdida. Eso sí, ya sé que tú eres más decoroso y siempre llevarás una toalla.

De pronto, en el día más relajado de todos, ese que no esperas nada, te telefonean desde un número desconocido diciendo tu nombre y apellidos. No es una señorita de una compañía de seguros haciéndote una propuesta deshonesta, ni el INE realizando una encuesta. Parece una empresa. Voz seria, cercana y sobre todo profesional.

Escucha bien su voz. Todo lo que le rodee es lo que te encontrarás después. Si la entrevista es a las ocho de la tarde, asústate: puede que el horario laboral se prolongue más de lo deseable. Aunque si esa voz derrocha amabilidad puede compensar. Ya hemos visto que cada uno tiene un cajón de prioridades. Debes conocer cuáles son las tuyas. Solo debemos extraer lo que buscamos del cajón de sastre en el que nos encontramos.

Si conocemos las metas serán más fáciles los caminos.

Justo en esa llamada levanté mi zapatilla de andar por casa: ahí estaba pegada la cúspide de la torre Eiffel.

Sucia, descuidada, algo doblada por una de las esquinas. Con un suave doblez que no impedía volver a colocarla en su lugar. Volverá a su sitio y encajará perfectamente. Mi pieza perdida estaba ahí, junto a un montón de cosas inservibles: una pegatina de mandarina, cinco céntimos y un par de pelusas. Solo había que rascar para extraer la pieza con la que terminaría el puzle que tanto me había costado.

Años de desesperanza, de no creer en uno mismo. De horas perdidas frente a un ordenador con la esperanza de una llamada que nos devolviera al mercado laboral.

Cuando encontré mi pieza perdida había trabajado incansablemente durante meses, días, noches, horas, segundos, para encontrar mi lugar. Todo el tiempo del mundo dedicado a buscar mi pieza perdida. Nada pasó por azar. Todo el camino, las experiencias, las caídas, lo que yo creía pérdidas de tiempo habían mantenido aquella pieza debajo de la zapatilla. No moví ningún sillón ni levanté alfombras. Mi pieza siempre estuvo ahí, en la suela de mi zapatilla. Pero yo necesitaba andar un camino para encontrarme con ella.

Nunca te arrepientas de haber trazado caminos que no te llevaron a ninguna parte. Todos, aunque no lo creas, te llevaron a forjar tu carácter para cada una de las entrevistas que tuviste. Si te digo la verdad, desconozco el clic que me hizo llegar hasta mi meta. Lo que sí puedo decirte es que es importante caminar por nuevos senderos, no hacer siempre lo mismo. Si das con un buen *coaching*, adelante. No pienses que sus tarifas son prohibitivas, nada es caro para lo que te va a aportar. Si hay un congreso de tecnología tipo Digital Business World Congress o Aslan no dudes en ir. Conocerás gente. En casa nadie se acercará a tu *stand*. Tu vida se moverá como una coctelera y vendrán a ti nuevas vías de acceso al mundo laboral.

No sé cómo se me ocurrió levantar el pie. Quizá cuando uno busca en todos los rincones empieza a pensar que puede estar en el más cercano y recóndito. Eso pasó a dos de mis sobrinos, Martina y Bruno. Sus padres les habían regalado un hámster. El primer día tuvieron la fantástica idea de abrir la jaula y desapareció por algún lugar de la casa. Recuerdo a su madre escribiendo mensajes en Facebook para que le dieran ideas de dónde buscarlo. Si se hace en compañía siempre es más fácil. Dos días después solo hubo que correr el frigorífico y allí estaba, muerto de miedo, al calor de él. Habían levantado la casa, parecía que una pandilla de ladrones había entrado a robar: había plumas de almohadones por el suelo; hasta que decidieron intentarlo en el lugar menos accesible. Y allí estaba, con cara de gatito asustado de *Shrek*.

Así me pasó con el trabajo. Tenía la misma cara que el gato de *Shrek*. Los ojos como platos y temblando de miedo por pisar el mundo laboral de nuevo. Lo primero que debía hacer era desterrar la palabra «fracaso» de mi vocabulario. Y una vez libre de cargas, colocar todas las piezas del puzle en la mesa. El tiempo jugaba a mi favor. Y algo nuevo me estaba esperando.

Llegó el día en que cambié de estrategia. Comencé a ser diferente. Y probé atajos nuevos.

Da un clic al botón de la diferencia y te encontrarás con una luz de led más potente que en anteriores ocasiones.

Moví frigoríficos y aparadores. Levanté zapatillas y aireé la casa y mi currículo. Me había dado cuenta de que lo más importante era hacer *networking*, hacerme visible en los departamentos de recursos humanos de las empresas. Interactuar con ellas. Las empresas no son algoritmos lejanos, son personas. Antes de que llegue la etapa de la «roboticapocalipsis», uno debe mirar cara a cara a la persona que está detrás de la elección de cada perfil de empresa. No bastaba con enviar currículos al azar a los distintos portales o por correo electrónico a los buzones de los diferentes departamentos. La cercanía era la clave, que conocieran a la persona y no tanto a la profesional con un currículo lejano y aséptico. Estamos en la era de la transformación digital, congresos tecnológicos como el Smart City han sido mediadores de lo que se nos viene encima, y a nivel particular, con el Internet de las cosas (IoT) debemos desarrollarnos tecnológica y mentalmente. Tu inteligencia no es artificial, está ahí para ofrecer algo nuevo y especial.

Me acerqué a los departamentos de recursos humanos pensando dónde me gustaría estar. Es muy importante que te visualices siempre antes. Y al instante aparecí como un holograma real delante de ellos. Deseaba trabajar en una universidad o en un colegio profesional, en un puesto en el que se pudiera desempeñar algún papel relacionado con la comunicación. Me puse en contacto a través de LinkedIn con la directora de Recursos Humanos de la universidad donde había echado mis redes. Sin embargo, estaba de viaje, porque nunca me contestó. Así que mi estrategia fue más allá. Si ella no se ponía en contacto conmigo, debía abrir el abanico. Busqué empleadas del departamento de Comunicación. De forma educada y agradable, contacté con una chica encantadora.

Me dijo que, en efecto, buscaban a alguien. Durante semanas estuvimos charlando. Ella me puso al día de lo que hacían. Me interesaba conocer la empresa, el tipo de trabajo. Había luchado mucho como para entrar en un sitio desagradable con compañeros rancios.

Hice tres entrevistas personales. Después de cada una, la chica encantadora de la universidad me seguía escribiendo. Me daba ánimos. Nos caímos estupendamente. Humanidad y cercanía son el tándem perfecto para elegir una empresa. De hecho, en la primera entrevista fui a saludarla. Bajó de su despacho y se fundió conmigo en un abrazo. Eso era lo que buscaba yo: calidad humana. No quería entrar en una multinacional donde las corbatas volasen por los pasillos y echara horas con gente que no me llenase. A los amigos y a los compañeros de trabajo tenemos la suerte de elegirlos.

No hay dos sin tres. Así que meses después me llamaron del Colegio profesional. Y entonces me di cuenta de que tenía dos piezas muy buenas. ¿Cuál elegir?

Ahí van mis apreciaciones. «Consejo» es un término muy serio y creo que cada uno debe elegir su patrón de lo que escucha. Lo que le venga bien a él. Ten en cuenta los siguientes parámetros:

- Estudia tu situación personal. Reflexiona cómo es tu vida, lo que te llena, lo que quieres ganar, el tiempo que quieres dedicarle al trabajo. Los pros, los contras. Tus prioridades.
- Ten una actitud Pollyana. Recuerda que vas a desanimarte, pero nunca veas la falta del trabajo como algo que falla en ti. Debes ser fuerte y pensar que estás a tres días de conseguirlo. Eso te dará mucha fuerza y ganas de continuar.
- Mira opiniones de la empresa. Hay páginas donde puedes verlas. Si son pymes, comprueba si publican la oferta cada

cuatro o cinco meses. Eso significa que la gente no está muy contenta y deja siempre la vacante libre.

- Pasea por la zona. Un día debes dedicarlo a ir a la empresa como si fueras a trabajar. Toma el metro, mira lo que tardas. Cotillea los alrededores, la gente que entra y sale del edificio. Sé tu propio detective de tu entorno laboral.
- Día B: entrevista. No solo te van a hacer la entrevista a ti. Tú debes ser el entrevistador de la empresa. No te cortes en preguntar y tantea bien los detalles.

Después de varias ofertas me decanté por una empresa. ¿Sabéis cuál? Aquella que me miró con los ojos de la primera vez. Aquella que valoró mi currículo y mostró interés por cada línea de mi mundo profesional y mi persona.

Había construido bien mi marca personal. Y esta es indeleble.

«Tu marca personal es lo que dicen de ti cuando tú no estás delante». El día que firmé el contrato estaba sola. Abrí los ventanales de mi nueva oficina. El sol irradiaba con fuerza hasta el ordenador. Al principio todo parece un mundo, pero un día te deja de dominar a ti y lo dominas. Tardarás en hacerlo, unos seis meses. Habrá días que no puedas dormir, otros que quieras escaparte por el balcón. Pero te aseguro que si luchas por aguantar en tu silla, ese día te sentirás orgulloso de ti. Día tras día, crecerás en conocimiento y saber estar.

En este largo camino he aprendido muchas cosas. La fundamental es la felicidad. En cada trabajo la pones tú. No hay trabajo bueno ni trabajo malo. Todo es trabajo y eso al final te hará crecer. Cada día aprenderás más. Lo que verás y lo que no verás. Todo quedará en ti para hacerte mejor persona. Si un día te topas con algún acomplejado e inútil, que te aseguro que están por todas partes, tienes dos maneras de afrontarlo: cabreándote con él, pero eso te dará poca paz interior, o aceptando que él no es feliz y que le falta pasar por muchos estamentos, como tú, para serlo.

No se lo tomes a mal. Mira hacia otro lado y ayuda a las personas que no tienen herramientas cognitivas para encontrar trabajo.

Revuelvo las fichas en la mesa. Ya las tengo todas. Cada una de ellas me ha servido para encontrar mi lugar en el mundo laboral. ¿Cuál de ellas me ayudó más? Te aseguro que todas por igual.

Sé que mi camino laboral no ha terminado y que llegaré hasta donde mi voluntad, profesionalidad y estrategia laboral me lleven. Quizá vuelva a perder alguna ficha, pero sé que volveré a encontrarla. Ahora ya sé que se esconden por todos los rincones.

Estate muy atento a las personas que deambulan a tu alrededor. Puede que alguna necesite tu ayuda, o quién sabe, puedes ser tú.

▣❘▤❘▣

—¡Taxi! Buenos días, lléveme a la calle San Gumersindo, 11.

—¿Perdona? ¿Dónde me has dicho? Llevo quince horas en el taxi y ya no respondo.

—Vaya, lo siento.

—Algún día, seguro que encontraré algo. Soy antropólogo y tengo un doctorado de mi carrera. Quiero ser profesor de universidad.

—Lo serás.

—¿Por qué estás tan segura?

—Porque tienes los ojos de los que miran por primera vez.

—No hago más que mandar currículos... y nada.

—¿Has mirado alguna vez en Madrid.org? o ¿Madrid I+D+i?

—No me suenan de nada.

—Ayer vi alguna oferta de antropología. Busca. Y cuando tengas el contacto directo de la empresa ataca en LinkedIn a la persona que lleva Recursos Humanos.

—Nunca se me habría ocurrido.

—¿Has pensado en escribir algún artículo de investigación? Para entrar en la facultad es muy importante. Busca revistas especializadas y escribe a todas. De cien, alguna te contestará.

—Gracias, hoy me has dado fuerza para seguir luchando.

—No dejes de hacerlo. Las personas debemos desarrollarnos en los campos que soñamos.

Esta vida laboral solo está hecha para los valientes, y te aseguro que tú eres uno de ellos. Busca la pieza perdida. El interruptor diferencial te está esperando. Y si un día se apaga la luz, tú tienes la llave para volver a encenderla.

Agradecimientos

A todas las piezas que engranáis el mundo laboral, porque sin vosotros el mundo se pararía.

- Cecilia Pérez, Psicóloga infantil y juvenil habilitada como sanitaria.
- Silvia Plaza Delmarés, *Talent Managment/Acquisition, L & D* en DHL SUPPLY CHAIN.
- Mercedes Poyato, Consultora de selección de personal/orientación laboral y RR. HH. The Adecco Group.
- Alberto Núñez del Río, Consultor personal financiero para OVB España.
- Ana Muñoz Romón, Gestora de empresas Grupo Santander.
- Marta Pérez Vázquez, empleada de ADIF.
- José María Jiménez Shaw, Ingeniero de telecomunicación. Experto *World Class* en *marketing* jurídico ingeniero de telecomunicación.
- Roberto Cabo Moreta, director en alea DIETS y ALEA consulta dietética junto con María Astudillo, experta

en nutrición y bióloga, fundadores de ALEA Consulta Dietética.

- B&B Casa Goyo León, apartamento turístico.
- David Calle, Ingeniero de Telecomunicación, y profesor, youtuber, profesor de academia presencial y online
- Olga Herranz, Diseñadora e Ilustradora gráfica
- Elena Huerga, *Coach* de desarrollo profesional.
- Nilton Navarro, *Social Media Manager* de InfoJobs, especialista en redes sociales y marca personal.

Y a todos aquellos que prefieren mantenerse en el anonimato y que habéis sido piezas claves de mi vida personal y profesional. Sin vosotros no sería la pieza que soy hoy en día.

OTROS TÍTULOS DE LA COLECCION:

- ***Modern Romance. El amor en la era digital***, Ansari, Aziz

- ***La mujer invisible***, Walmsley-Johnson, Helen

- ***No es lo mismo zorro que zorra***, O'Toole, Emer

- ***Adiós, querido ex. La guia definitiva para seguir adelante***, Pearson, Marina